LES MEILLEURES RECETTES FACILES

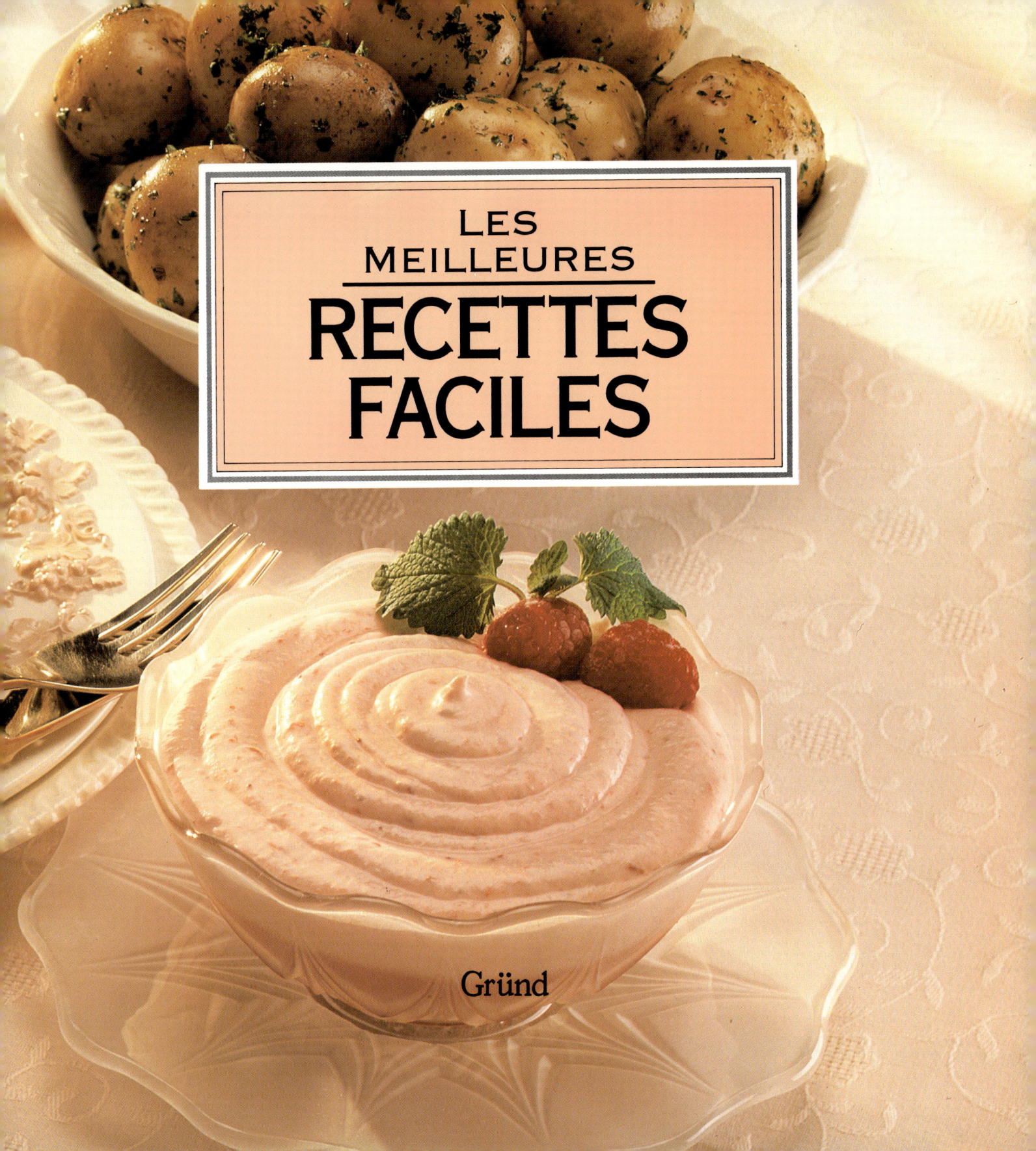

LES MEILLEURES
RECETTES FACILES

Gründ

TABLE

INTRODUCTION 5

SOUPES ET HORS-D'ŒUVRE 6

LÉGUMES ET SALADES 26

POISSONS 46

VIANDES ET VOLAILLES 70

PLATS AUX MICRO-ONDES 88

DESSERTS 106

INDEX 156

ONT COLLABORÉ À CE LIVRE :
Texte anglais de Brian Binns, Carol Bowen, Michelle Berriedale Johnson, Caroline Ellwood, Margaret Fulton, Wendy Godfrey, Clare Gordon-Smith, Rita Greer, Carole Handslip, Gwyneth Loveday, Janice Murfitt, Rhona Newman, Mary Reynolds, Sue Ross, Margaret Weale.
Adaptation française de Christine Colinet, Frédérique Côme, Dominique Kugler, Anne-Marie Thuot.

NOTES
Toutes les cuillères sont rases.

Le four doit toujours être préchauffé à la température indiquée.

GARANTIE DE L'ÉDITEUR
Pour vous parvenir à son plus juste prix, cet ouvrage a fait l'objet d'un gros tirage. Malgré tous les soins apportés à sa fabrication, il est malheureusement possible qu'il comporte un défaut d'impression ou de façonnage. Dans ce cas, ce livre vous sera échangé sans frais. Veuillez à cet effet le rapporter au libraire qui vous l'a vendu ou nous écrire à l'adresse ci-dessous en nous précisant la nature du défaut constaté. Dans l'un ou l'autre cas, il sera immédiatement fait droit à votre réclamation.
Librairie Gründ - 60 rue Mazarine - 75006 Paris

Première édition française 1989 par Librairie Gründ, Paris

© 1989 Librairie Gründ pour l'adaptation française
ISBN : 2-7000-5794-5
Dépôt légal : avril 1989
Édition originale 1987 par Cathay Books, an imprint of Octopus Publishing Group

© 1987 Cathay Books
Photocomposition : A.P.S., Tours
Imprimé à Malaysia par Mandarin Offset

INTRODUCTION

Des heures interminables passées dans une cuisine ne produisent pas nécessairement des repas sains, complets et appétissants : un plat cuit simplement et rapidement, présenté avec imagination et élégance, bat de loin celui qui a mijoté trop longtemps, dont la décoration est excessive, quoique les ingrédients et le coût soient identiques.

Nombreux sont ceux qui, pour toutes sortes de raisons doivent préparer leur repas très rapidement, soit qu'ils travaillent à l'extérieur de chez eux, soit que tout simplement ils détestent passer du temps dans la cuisine, ou même qu'ils suivent un régime et ne veuillent pas affronter les tentations !

Heureusement il y a des aliments qui conviennent parfaitement à la cuisine rapide : des découpes de viandes et de volailles, comme les côtelettes, les steaks, les blancs, les foies ; des poissons comme le saumon, les sardines et les crevettes qui ne demandent que quelques minutes sous un gril ; le riz, les pâtes, les légumes secs qui ne doivent que bouillir et les innombrables légumes, fruits ou noix, que l'on fait revenir rapidement pour obtenir une coloration et un croustillant parfaits.

Il existe de multiples modes de cuisson rapide : griller, cuire au four à haute température, faire sauter à la poêle, bouillir, frire rapidement en tournant, cuire sur la braise, en brochettes. Si votre mode de vie implique une cuisine rapide, alors armez-vous d'une batterie de cuisine de la meilleure qualité pour des résultats parfaits et durables : un grand wok chinois, une poêle lourde, un gril facile à nettoyer, un solide barbecue sont d'excellents investissements.

Des placards et un réfrigérateur bien garnis sont aussi extrêmement utiles à la cuisinière pressée. De nombreux plats nouveaux vous seront accessibles si vous avez une provision d'épices, d'herbes aromatiques, d'huiles, de fruits secs, de noix, de vinaigre, de pâtes, de légumes secs ainsi que des beurres aux herbes, des assaisonnements, des yaourts, du fromage blanc et de la crème fraîche. Vos dîners improvisés se termineront de façon spectaculaire grâce aux desserts surgelés.

La cuisine rapide ne doit pas négliger la présentation. Quelle que soit l'occasion, même si le temps manque, veillez toujours à ce que les plats soient attrayants. Il suffit d'un peu d'herbes aromatiques hâchées grossièrement, d'un peu de noix ou de croûtons, d'un brin de menthe, d'un peu de zeste de citron ou d'un rond de crème pour améliorer la présentation. La garniture et la décoration d'un plat ne prennent que quelques secondes, mais sont la preuve du soin et de l'amour apportés à sa confection.

SOUPES ET HORS-D'ŒUVRE

Un délicieux début de repas peut être une salade, rapidement mélangée mais composée avec imagination, un potage velouté ou encore un assemblage coloré de hors-d'œuvre divers.

Quel que soit le choix, le but est de stimuler l'appétit, de l'éveiller, plutôt que de le combler.

Composer un repas peut être un art, mais le secret de son succès repose dans l'équilibre des différents plats ; ils doivent apporter une variété de textures, de goûts, de couleurs. Quand vous prévoyez comme plat principal un important rôti ou un riche plat en sauce, choisissez un hors-d'œuvre léger comme des champignons marinés, des œufs mimosa ou des moules au beurre d'herbes ; quand le plat principal est léger, commencez par de larges portions de soupe de la Nouvelle-Angleterre, de soupe au pistou ou de salade toscane.

Si vous avez peu de temps, préparez à l'avance la soupe ou le hors-d'œuvre. La plupart de nos recettes peuvent être faites 48 heures à l'avance, et même plus longtemps si la congélation leur convient. Les plats peuvent alors être réchauffés, mêlés à un assaisonnement ou une sauce et garnis au dernier moment. Cet effort de prévision donnera à la maîtresse de maison plus de temps à consacrer à ses hôtes.

Maquereaux au vin blanc

30 cl de vin blanc sec
15 cl d'eau
1 oignon émincé
1 branche de fenouil
1 lanière de zeste de citron
6-7 grains de poivre
2 feuilles de laurier
sel
2 gros maquereaux, les arêtes retirées
2 cuillères à soupe de persil
feuilles de fenouil pour décorer

Mettez dans une casserole le vin, l'eau, l'oignon, le fenouil, le zeste de citron, le poivre, le laurier et une pincée de sel. Portez à ébullition et laissez frémir 10 minutes. Passez le liquide.

Plongez-y les maquereaux 10 à 15 minutes. Laissez refroidir et disposez les maquereaux avec leur jus sur un plat de service.

Saupoudrez de persil. Mettez à glacer au réfrigérateur avant de servir. Décorez avec du fenouil.
Pour 4 personnes

Soupe au pistou

250 g de courgettes
125 g de poireaux
500 g de tomates pelées
180 g de carottes
500 g d'oignons
250 g de haricots verts
250 g de haricots blancs frais écossés
1 l de bouillon de poule
sel et poivre
125 g de macaronis courts
PISTOU :
4 gousses d'ail
1 bouquet de basilic frais
4 cuillères à soupe d'huile d'olive
POUR SERVIR :
50 g de parmesan râpé

Coupez menu les courgettes, les poireaux, les tomates, les carottes, les oignons et mettez-les dans une grande casserole avec le reste des légumes.

Versez le bouillon, salez et poivrez. Portez à ébullition, couvrez et laissez frémir 15 minutes. Ajoutez les pâtes et laissez cuire 10 à 12 minutes.

Pendant ce temps préparez le pistou : écrasez l'ail et le basilic dans un mortier jusqu'à ce que cela forme une pâte. Ajoutez peu à peu l'huile. Retirez la soupe du feu et incorporez-lui doucement le pistou.

Versez dans une soupière ou dans des bols individuels, saupoudrez de parmesan et servez aussitôt.
Pour 6 personnes
Note : si vous n'avez pas de basilic frais, faites tremper une poignée de basilic sec 10 minutes dans de l'eau froide, avant de l'utiliser comme du frais.

Champignons à la grecque

3 cuillères à soupe d'huile d'olive
4 échalotes émincées
4 tomates pelées et coupées fin
4 grains de poivre écrasés
6 graines de coriandre
1 feuille de laurier
1 branche de thym
sel
500 g de petits champignons lavés
4 cuillères à soupe de vin blanc sec
2 cuillères à soupe de concentré de tomates
persil haché pour décorer

Faites chauffer l'huile dans une casserole et faites-y revenir les échalotes. Ajoutez les tomates, le poivre, la coriandre, les herbes, le sel, les champignons et le vin. Couvrez et laissez mijoter 10 minutes.

Mettez les champignons dans un plat de service creux, jetez les herbes. Portez le liquide de cuisson à ébullition et laissez-le réduire 5 minutes. Ajoutez le concentré de tomates et versez ce liquide sur les champignons. Saupoudrez de persil haché et mettez à glacer au réfrigérateur avant de servir.
Pour 4 personnes

A GAUCHE : *soupe au pistou*
A DROITE : *crème de cresson ; salade niçoise*

Crème de cresson

40 g de beurre
2 oignons émincés
350 g de cresson
40 g de farine
1 l de bouillon de poule
sel et poivre
2 jaunes d'œufs
15 cl de crème fraîche
feuilles de cresson pour décorer

Faites fondre le beurre dans une casserole et faites-y revenir les oignons sans qu'ils prennent couleur. Ajoutez le cresson et laissez cuire 5 minutes. Saupoudrez de farine, laissez cuire 2 minutes. Versez peu à peu le bouillon, portez à ébullition et laissez cuire 5 minutes. Salez et poivrez.

Passez au mixeur jusqu'à ce que le mélange soit lisse, puis reversez dans la casserole.

Battez ensemble les jaunes d'œufs et la crème fraîche, puis ajoutez-leur peu à peu 30 cl de la soupe. Versez le tout dans la casserole et laissez cuire 1 à 2 minutes sans bouillir.

Versez dans une soupière et décorez de feuilles de cresson.
Pour 6 personnes

Salade niçoise

1/2 laitue
3 œufs durs écalés
1 boîte (200 g) de thon
1 boîte (50 g) de filets d'anchois
2 poivrons verts émincés
250 g de tomates coupées en quartiers
125 g de haricots verts cuits
8-10 olives noires dénoyautées
2 cuillères à café de câpres
1 cuillère à soupe de persil haché
SAUCE :
2 cuillères à soupe de jus de citron
1 gousse d'ail écrasée
sel et poivre
4 cuillères à soupe d'huile d'olive

Répartissez les feuilles de laitue au fond et sur les bords d'un saladier.

Coupez les œufs en quatre. Égouttez le thon, les filets d'anchois et disposez-les dans le saladier avec tous les autres ingrédients.

Mélangez les ingrédients de la sauce, versez-la sur la salade, tournez et servez aussitôt.
Pour 4 à 6 personnes

SOUPES ET HORS-D'ŒUVRE

Hors-d'œuvre à l'italienne

2 poivrons verts
2 cuillères à café de vinaigre de vin
sel et poivre
3 cuillères à soupe d'huile d'olive
4 tomates en rondelles
quelques rondelles fines d'oignon
1 boîte de thon (200 g) égoutté et émietté
2 boîtes (120 g chacune) de sardines à l'huile égouttées

Mettez les poivrons sous le gril jusqu'à ce que leur peau commence à noircir et à se plisser, en les tournant souvent. Coupez-les en deux et passez-les sous l'eau pour ôter la peau et les graines. Égouttez-les bien et coupez-les en rondelles fines.

Mélangez-les avec le vinaigre, un peu de sel et 2 cuillères à soupe d'huile. Laissez au réfrigérateur.

Salez et poivrez les tomates ; arrosez-les avec le reste d'huile. Disposez les rondelles de poivrons sur un plat et recouvrez-les avec les rondelles de tomates. Répartissez dessus les rondelles d'oignon. Disposez au centre le thon, et les sardines autour de celui-ci.
Pour 4 personnes

Moules à la niçoise

2,5 l de moules fraîches
2 verres de vin blanc sec
2 gousses d'ail
6 branches de persil hachées
6 branches de marjolaine hachées
50 g de beurre ramolli
2 cuillères à soupe de parmesan râpé
basilic ou persil pour décorer

Placez les moules dans une casserole, ajoutez le vin et portez à ébullition. Laissez cuire jusqu'à ce que les coquilles soient ouvertes et jetez celles qui restent fermées. Passez le jus de cuisson. Écrasez l'ail et les herbes dans un mortier. Ajoutez le beurre et le fromage, et travaillez le tout pour obtenir une pâte lisse.

Retirez une demi-coquille des moules et répartissez le beurre d'herbes sur le reste ; disposez-les sur des plats individuels allant au four. Mouillez avec le jus de cuisson.

Faites dorer sous le gril et servez aussitôt décoré de persil ou de basilic.
Pour 4 personnes

Hors-d'œuvre variés

3 tomates en rondelles
3 cuillères à soupe d'huile d'olive
1 cuillère à café de basilic haché
sel et poivre
1 cœur de fenouil
1 cuillère à café de jus de citron
1 gousse d'ail écrasée
12 rondelles de salami
50 g d'olives noires
2 œufs durs coupés en quartiers
basilic ou persil

Disposez les tomates au bord d'un plat ovale, versez dessus 1 cuillère à soupe d'huile, le basilic, salez et poivrez.

Épluchez le fenouil, coupez-le en fines tranches, puis en lamelles. Mélangez le reste d'huile avec le jus de citron, l'ail, salez et poivrez. Ajoutez le fenouil et mélangez bien ; disposez-le sur l'autre bord du plat.

Disposez le salami au milieu du plat. Posez les olives au centre, avec les quartiers d'œufs. Décorez avec le basilic ou le persil.
Pour 4 personnes

SOUPES ET HORS-D'ŒUVRE

Bouillon à l'émilienne

1 l de bouillon de poule
1 petit œuf battu
2 cuillères à café de farine
25 g de parmesan râpé
25 g de chapelure
15 g de beurre ramolli
poivre
muscade râpée

Portez le bouillon à ébullition dans une grande casserole.

Mettez l'œuf, la farine, le fromage, la chapelure et le beurre dans une jatte, ajoutez le poivre et la muscade, puis travaillez le tout pour obtenir une pâte ferme.

Pressez cette pâte à travers une passoire en métal directement au-dessus du bouillon. Laissez frémir jusqu'à ce que ces filaments remontent à la surface.

Répartissez dans les assiettes et servez aussitôt.
Pour 4 à 6 personnes

Soupe de courgettes

40 g de beurre
1 oignon coupé en rondelles
500 g de courgettes coupées en rondelles fines
1 l d'eau
1,5 cube de bouillon de poule
2 petits œufs
2 cuillères à soupe de parmesan râpé
1 cuillère à soupe de basilic haché ou de persil
sel et poivre
POUR DÉCORER :
crostini (voir fin de la recette) ou croûtons

Faites fondre le beurre dans une casserole et faites revenir doucement l'oignon 5 minutes. Ajoutez les courgettes et faites-les revenir 5 à 10 minutes, en tournant. Versez l'eau et les cubes de bouillon, portez à ébullition, couvrez et laissez mijoter 20 minutes.

Passez le tout au mixeur, puis remettez dans la casserole et portez à ébullition.

Dans une soupière chaude battez les œufs, le fromage et les herbes, puis versez doucement la soupe tout en fouettant. Rectifiez l'assaisonnement ; servez avec des *crostini* ou des croûtons.
Pour 4 à 6 personnes
Crostini : coupez des tranches de pain de 5 mm d'épaisseur et faites-les griller d'un côté. Sur le côté non grillé, étalez du beurre et saupoudrez de fromage râpé, puis passez sous le gril jusqu'à ce que le tout soit doré et que des bulles se forment à la surface.

A GAUCHE : *moules à la niçoise*
A DROITE : *potage aux œufs ; soupe de courgettes ; bouillon à l'émilienne*

Potage aux œufs

1 l de bouillon de poule
2 œufs
1 cuillère à soupe de farine
4 cuillères à soupe de lait
sel et poivre
25 g de parmesan râpé
persil haché pour décorer

Portez le bouillon à ébullition dans une grande casserole.

Battez les œufs avec la farine, le lait et un peu de sel et de poivre.

Huilez une grande poêle et mettez-la sur feu vif. Quand elle est très chaude, faites cuire les œufs pour obtenir une omelette. Roulez-la et coupez-la en fines lanières. Versez-les dans le bouillon, ainsi que le fromage. Servez aussitôt, saupoudré de persil.
Pour 4 à 6 personnes

Salade de champignons

Salade de champignons

6 cuillères à soupe
 d'huile d'olive
2 cuillères à soupe
 de jus de citron
poivre
1 gousse d'ail
350 g de
 champignons
 émincés
1/2 cuillère à café
 de sel
1 cuillère à soupe de
 persil haché
180 g de crevettes

Dans une jatte battez l'huile, le jus de citron et le poivre. Ajoutez l'ail et incorporez délicatement les champignons. Couvrez et mettez à glacer 1 heure au réfrigérateur.
 Juste au moment de servir, ôtez l'ail, salez et ajoutez le persil. Disposez sur un plat de service et disposez dessus les crevettes.
Pour 4 personnes
Notes : utilisez des champignons très frais et de l'huile d'olive de très bonne qualité.

Melon au jambon de Parme

1 melon bien mûr,
 glacé
8 tranches de
 jambon de Parme
 très fines

Coupez le melon en quatre et épépinez-le. Servez chaque portion de melon accompagnée d'une tranche de jambon.
Pour 4 personnes

Cœurs d'artichauts en salade

1 gousse d'ail
 écrasée
sel et poivre
1 1/2 cuillère à
 soupe de jus de
 citron
4 1/2 cuillères à
 soupe d'huile
 d'olive
1 feuille de laurier
16 cœurs
 d'artichauts

Battez dans une jatte l'ail, le sel, le poivre, le jus de citron et l'huile. Ajoutez la feuille de laurier et tournez délicatement dedans les cœurs d'artichauts. Couvrez et mettez à glacer 2 heures au réfrigérateur, en tournant de temps en temps. Otez la feuille de laurier.
 Répartissez les artichauts dans des plats individuels, arrosez-les de sauce et saupoudrez de persil.
Pour 4 personnes

Œufs au thon

20 cl de mayonnaise
 (voir page 21)
1 boîte (100 g) de
 thon
7 filets d'anchois
1 cuillère à soupe de
 jus de citron
4 œufs durs coupés
 dans la longueur
quelques câpres
brins de persil

Mélangez au mixeur la mayonnaise, le thon, 3 filets d'anchois et le jus de citron. Si nécessaire, ajoutez un petit peu d'eau froide pour une consistance plus souple.
 Disposez les œufs, face coupée dessous, sur des assiettes. Coupez le reste des filets d'anchois dans le sens de la longueur, roulez-les et disposez-les sur les œufs. Décorez avec les câpres, le persil, et servez la mayonnaise à part.
Pour 4 personnes

SOUPES ET HORS-D'ŒUVRE

Soupe de maïs

40 g de beurre
1 oignon coupé fin
2 pommes de terre coupées en dés
30 g de farine
1 l de lait
1 feuille de laurier
sel et poivre
2 boîtes (300 g chacune) de maïs égoutté
2 cuillères à soupe de crème fraîche
lard frit émietté pour décorer

Faites fondre le beurre dans une casserole et faites revenir l'oignon 5 minutes sans qu'il prenne couleur. Ajoutez les pommes de terre et laissez cuire 2 minutes.

Ajoutez la farine, puis incorporez peu à peu le lait sans cesser de tourner. Portez à ébullition, ajoutez le laurier, salez et poivrez. Versez la moitié du maïs, couvrez et laissez frémir 15 à 20 minutes. Retirez le laurier et laissez refroidir légèrement.

Passez au mixeur, puis réchauffez dans la casserole et ajoutez le reste de maïs.

Incorporez la crème, saupoudrez de lard et servez aussitôt.
Pour 4 à 6 personnes

Potage vert

2 bottes de cresson
1 botte de ciboules hachées
250 g d'épinards
1 branche de thym
4 cuillères à soupe de persil haché
60 cl de bouillon de poule
sel et poivre
1 1/2 cuillère à café de maïzena
15 cl de crème fraîche
jus de 1/2 citron
rondelles de citron pour décorer

Mettez le cresson, les ciboules et les épinards dans une grande casserole. Ajoutez les herbes et versez le bouillon. Salez, poivrez. Portez à ébullition, couvrez et laissez frémir 20 minutes. Laissez refroidir légèrement.

Passez au mixeur, puis réchauffez dans la casserole.

Délayez la maïzena avec la crème fraîche, incorporez à la soupe et portez doucement à ébullition. Laissez cuire à feu doux, sans cesser de tourner, pour faire épaissir.

Ajoutez le jus de citron.

Servez aussitôt décoré de rondelles de citron.
Pour 4 à 6 personnes

Crème aux carottes

2 boîtes de 400 g de carottes
2 oignons hachés fin
50 g de beurre
50 g de chapelure
60 cl de lait
sel et poivre
persil haché pour décorer

Mettez les carottes et leur jus, les oignons, le beurre et la chapelure dans une casserole. Ajoutez le lait et portez à ébullition. Couvrez et laissez mijoter 5 minutes.

Passez le tout au mixeur électrique jusqu'à ce que le mélange soit bien homogène. Salez et poivrez.

Réchauffez doucement avant de servir et décorez avec le persil.
Pour 4 à 6 personnes

Potage vert

Œufs mayonnaise

6 cuillères à soupe de mayonnaise
1 cuillère à soupe de jus de citron
1 gousse d'ail écrasée
2 cuillères à soupe de persil haché
1 cuillère à soupe d'estragon et basilic hachés
2 cuillères à soupe de câpres
2 boîtes (50 g chacune) de filets d'anchois
poivre
6 œufs durs
1 chicorée frisée

Mettez la mayonnaise et le jus de citron dans une jatte. Ajoutez l'ail, les herbes et 1 cuillère à soupe de câpres. Hachez très fin la moitié des filets d'anchois et incorporez-les à la mayonnaise. Poivrez.

Coupez les œufs en deux dans le sens de la longueur. Répartissez les feuilles de chicorée sur chaque assiette et disposez les œufs, le côté coupé posé sur la salade. Nappez-les de mayonnaise et répartissez le reste des filets d'anchois. Garnissez avec le reste de câpres.

Servez glacé.
Pour 6 personnes

Tomates aux herbes

4 cuillères à soupe de persil haché
2 cuillères à soupe de basilic et estragon hachés
3 cuillères à soupe d'oignons hachés
1 gousse d'ail écrasée
6 cuillères à soupe d'huile d'olive
3 cuillères à soupe de vinaigre de vin
sel et poivre
8 grosses tomates, pelées et coupées en rondelles

Mélangez les herbes, l'oignon et l'ail, puis ajoutez-leur peu à peu l'huile et le vinaigre pour obtenir une sauce épaisse. Salez et poivrez.

Disposez une couche de rondelles de tomates sur un plat de service et nappez-les de sauce. Continuez cette alternance jusqu'à épuisement des ingrédients. Couvrez et mettez à glacer 30 minutes au réfrigérateur.
Pour 4 à 6 personnes

Salade toscane

1 boîte (400 g) de haricots blancs égouttés
1 boîte (400 g) de flageolets égouttés
1 petit oignon émincé
6 cuillères à soupe d'huile d'olive
25 g d'olives noires dénoyautées
1 cuillère à soupe de persil haché
1 cuillère à soupe d'origan ou de marjolaine
1 boîte (200 g) de thon égoutté
sel et poivre
feuilles de trévisette

Mélangez les haricots dans une jatte. Ajoutez l'oignon, l'huile, les olives et les herbes. Émiettez le thon et ajoutez-le au mélange. Mélangez bien, salez et poivrez.

Disposez les feuilles de salade sur un plat de service. Disposez dessus le mélange. Couvrez et mettez au réfrigérateur jusqu'au moment de servir.
Pour 4 à 6 personnes

SOUPES ET HORS-D'ŒUVRE

Asperges gratinées

4 tranches de pain de campagne grillées et beurrées
1 boîte (350 g) d'asperges égouttées
50 g de gruyère râpé
poivre

Disposez les tranches de pain dans un plat à four creux. Répartissez dessus les asperges et saupoudrez-les de gruyère.

Passez 4 minutes sous le gril, jusqu'à ce que le fromage soit fondu et légèrement doré. Poivrez et servez aussitôt.

Pour 4 personnes

Cœurs d'artichauts au lard

2 boîtes de 400 g de cœurs d'artichauts
4 cuillères à soupe de vinaigrette à l'ail (ci-dessous)
50 g de lard maigre

Passez les cœurs d'artichauts dans la vinaigrette et disposez-les sur un plat.

Coupez le lard en lanières fines et faites-les revenir à feu doux dans une poêle, sans matière grasse. Elles doivent être dorées.

Répartissez le lard sur la salade et servez aussitôt.

Pour 4 personnes

Vinaigrette

15 cl d'huile d'arachide
4 cuillères à soupe de vinaigre de vin
sel et poivre

Mettez tous les ingrédients dans un bocal fermant hermétiquement ; salez et poivrez selon le goût. Agitez pour mélanger.

Pour 25 cl
Vinaigrette à la moutarde de Meaux : ajoutez 2 cuillères à soupe de moutarde de Meaux.
Vinaigrette à l'ail : ajoutez 4 gousses d'ail pilées.

Œufs mimosa

4 œufs durs
1 boîte d'œufs de lump
6-8 cuillères à soupe de mayonnaise (page 21)
1 petite laitue pour décorer

Coupez les œufs en deux dans le sens de la longueur, ôtez le jaune et disposez les blancs sur le plat de service. Répartissez les œufs de lump dans le creux des blancs d'œufs.

Écrasez les jaunes à la fourchette, mettez-en une cuillère à soupe de côté et répartissez le reste sur les œufs de lump.

Recouvrez le tout de mayonnaise. Décorez avec le jaune restant et les feuilles de laitue.

Pour 4 personnes
Variante : remplacez les œufs de lump par des œufs de cabillaud fumés (125 g), 150 g de yaourt nature et le jus de 1 citron. Mélangez tous ces ingrédients, salez, poivrez et garnissez-en les œufs.

A GAUCHE : *œufs mayonnaise ; tomates aux herbes ; salade toscane*
A DROITE : *œufs mimosa*

Salade de melon

500 g de tomates
1 melon pelé
1 concombre
4 cuillères à soupe d'huile d'olive
2 cuillères à soupe de jus de citron
3 cuillères à soupe d'herbes hachées
sel et poivre
feuilles de laitue

Mettez de côté quelques rondelles de tomates pour décorer. Pelez et coupez fin le reste, en éliminant les graines. Coupez en dés le melon et le concombre. Mélangez-les dans une jatte avec les tomates.

Mélangez l'huile, le jus de citron, les herbes, salez et poivrez. Versez sur la salade et mélangez bien. Couvrez et mettez au frais 2 à 3 heures. Disposez les feuilles de laitue dans un saladier et disposez la salade au centre. Décorez avec les rondelles de tomates avant de servir.
Pour 6 personnes

Salade fraîche d'endives

4 endives
3 oranges
2 citrons verts ou 1 pamplemousse
1 cuillère à café de moutarde
2 cuillères à soupe de jus de citron
4 cuillères à soupe d'huile d'olive
sel et poivre
2 cuillères à café de persil haché
feuilles de laitue

Coupez les endives en rondelles et mettez-les dans une jatte. Pelez les oranges et les citrons, séparez-les en quartiers et épépinez-les. Mélangez-les avec les endives.

Délayez la moutarde avec le jus de citron et l'huile. Salez, poivrez et ajoutez le persil. Versez sur la salade et mélangez bien.

Disposez les feuilles de laitue dans un saladier et disposez la salade au centre.
Pour 4 personnes

Salade rose

2 têtes de trévisette
2 boîtes de crabe (170 g), égoutté et émietté
150 g de crevettes roses décortiquées
jus de 1/2 citron
125 g de tomates
SAUCE :
15 cl de mayonnaise (page 21)
2 cuillères à café de concentré de tomates
1 gousse d'ail pilée
2 cuillères à café de persil et ciboulette hachés
sel et poivre
POUR GARNIR :
quelques crevettes entières cuites

Mélangez tous les ingrédients de l'assaisonnement, salez et poivrez. Couvrez et réservez.

Disposez une couronne de salade dans des assiettes ou des bols individuels. Mélangez le crabe, les crevettes et le jus de citron ; salez et poivrez bien. Pelez les tomates, épépinez-les et hachez-les. Ajoutez au crabe.

Placez la préparation au centre de la salade et nappez avec l'assaisonnement. Garnissez de crevettes entières.
Pour 4 à 6 personnes

Avocats au citron

2 avocats
sel et poivre
jus de 1 citron (vert si possible)

Coupez les avocats en deux dans le sens de la longueur et retirez les noyaux. Pelez les moitiés d'avocats et coupez-les en fines lamelles dans le sens de la longueur. Disposez une première couche en étoile sur une assiette. Salez-la et poivrez-la, avant de couper le reste.

Quand vous avez terminé, salez et poivrez généreusement encore une fois et arrosez de jus de citron. Servez ces avocats avec une salade de tomates à l'huile d'olive et au jus de citron.
Pour 4 personnes

Salade rose

SOUPES ET HORS-D'ŒUVRE 17

SOUPES ET HORS-D'ŒUVRE

Moules farcies

2 kg de moules grattées
3 gousses d'ail écrasées
2 cuillères à café de zeste de citron râpé
3 cuillères à soupe de persil haché
1 branche de basilic hachée
2 branches de thym
40 g de chapelure
5 cuillères à soupe d'huile d'olive
persil pour décorer

Faites cuire 5 minutes les moules dans une casserole contenant 30 cl d'eau bouillante. Jetez celles qui ne se sont pas ouvertes. Égouttez.

Retirez la moitié des coquilles. Disposez les moules dans leur coquille dans un grand plat à four ou dans des plats à four individuels.

Mélangez l'ail, le zeste de citron, les herbes, la chapelure et répartissez sur les moules. Versez dessus l'huile et passez-les 5 à 7 minutes sous le gril jusqu'à ce qu'elles soient légèrement dorées ; ne les laissez pas cuire trop longtemps, car elles durciraient.

Servez aussitôt décoré de persil.
Pour 4 à 6 personnes

Fèves à la grecque

2 cuillères à soupe d'huile d'olive
1 gousse d'ail hachée
1 oignon haché
500 g de fèves décortiquées
8 tomates pelées, épépinées et hachées
2 cuillères à soupe de vin blanc sec
1 cuillère à soupe de persil haché
1 feuille de laurier
sel et poivre

Faites chauffer l'huile dans une casserole et faites revenir l'ail et l'oignon, 4 à 5 minutes, sans prendre couleur.

Ajoutez les fèves, puis le reste des ingrédients, salez et poivrez. Portez à ébullition, couvrez et laissez mijoter 15 minutes : les fèves doivent être tendres. Retirez le laurier et laissez refroidir pour servir glacé.
Pour 4 personnes
Note : vous pouvez utiliser des fèves congelées : laissez cuire le mélange 10 minutes avant de les ajouter.

Pâté aux harengs fumés

4 filets de harengs fumés
150 g de beurre non salé
zeste râpé et jus de 1/2 citron
poivre
15 cl de crème fraîche légèrement fouettée
25 g de beurre clarifié (voir ci-dessous)

Répartissez la moitié du beurre sur les harengs. Passez chaque côté 3 à 4 minutes sous le gril, en arrosant de temps en temps.

Laissez tiédir ; enlevez les arêtes. Dans un mixeur travaillez la chair avec le reste de beurre jusqu'à ce que le mélange soit lisse. Ajoutez le jus et le zeste de citron ; poivrez. Incorporez la crème avant de transférer dans un plat creux.

Nappez de beurre clarifié et faites prendre au réfrigérateur.
Pour 4 à 6 personnes
Pour clarifier le beurre : faites-le fondre, laissez-le reposer et passez-le à travers une mousseline.

Fèves à la grecque

SOUPES ET HORS-D'ŒUVRE 19

Soupe de Nouvelle-Angleterre

*50 g de beurre
2 ciboules hachées
40 g de farine
1 pincée de cayenne
sel et poivre
50 cl de court-bouillon
200 g de clams cuites retirées de leurs coquilles
125 g de crevettes décortiquées
1 boîte (200 g) de maïs égoutté
2 pommes de terre en cubes
15 cl de crème fraîche
1 cuillère à soupe de persil haché*

Faites fondre le beurre dans une casserole et faites revenir les ciboules. Ajoutez la farine, le cayenne, salez, poivrez et laissez cuire 1 minute. Incorporez peu à peu le court-bouillon, puis portez à ébullition. Ajoutez les clams, les crevettes, le maïs, les pommes de terre et laissez frémir 15 minutes.

Incorporez la crème fraîche et décorez avec le persil.
Pour 4 personnes

Soupe glacée au concombre

*1 gros concombre
sel et poivre
30 cl de yaourt nature
6 cuillères à soupe de jus de citron
25 cl de crème fraîche
2 cuillères à soupe de ciboulette hachée
125 g de crevettes décortiquées*

Râpez le concombre, non pelé, dans une jatte et saupoudrez-le très légèrement de sel. Laissez-le ainsi 15 minutes.

Mélangez le yaourt, le jus de citron et la crème, puis ajoutez-les au concombre. Ajoutez la ciboulette, les crevettes, salez et poivrez.

Mettez à glacer 1 heure avant de servir.
Pour 4 personnes

Fruits de mer à la provençale

*25 g de beurre
2 cuillères à soupe d'huile
2 gousses d'ail écrasées
250 g de crevettes décortiquées
8 coquilles Saint-Jacques coupées en deux
2 cuillères à soupe de persil haché
jus de 1/2 citron*

Faites chauffer le beurre et l'huile dans une poêle et faites revenir 2 minutes l'ail. Ajoutez les crevettes et les Saint-Jacques et faites-les cuire rapidement 2 minutes. Les Saint-Jacques doivent être tendres. Évitez de trop les cuire, car elles durciraient.

Ajoutez le persil, le jus de citron et servez aussitôt.
Pour 4 à 6 personnes

Fruits de mer à la provençale

Mousse de crabe aux asperges

1 boîte (340 g) d'asperges
1 boîte (200 g) de crabe
15 cl de bouillon de poule ou de court-bouillon de poisson (environ)
25 g de beurre
25 g de farine
15 g de gélatine
3 cuillères à soupe de vin blanc sec
30 cl de mayonnaise (page 21)
15 cl de crème fraîche légèrement fouettée
rondelles de citron ou crevettes entières pour décorer

Égouttez les asperges et le crabe, et mettez leur jus de côté en y ajoutant du bouillon pour obtenir 30 cl de liquide.

Faites fondre le beurre dans une casserole, ajoutez la farine et tournez 1 minute. Incorporez peu à peu le liquide, portez à ébullition et laissez frémir 2 minutes, tout en tournant. Coupez grossièrement les asperges et émiettez le crabe. Incorporez-les à la sauce.

Faites dissoudre la gélatine dans le vin, à feu doux, puis ajoutez au mélange. Incorporez la mayonnaise et la crème. Versez dans un moule à soufflé et mettez au réfrigérateur jusqu'à ce que cela soit pris.

Démoulez sur un plat de service et décorez avec des rondelles de citron ou des crevettes.

Pour 6 à 8 personnes

Mousse de truite fumée

3 truites fumées
30 cl de vin blanc sec
2 cuillères à café d'oignon haché
1 gousse d'ail écrasée
1 branche de persil
2 branches d'estragon
1 branche de thym
2 feuilles de laurier
sel et poivre
30 cl de crème fraîche
POUR DÉCORER :
rondelles de citron

Mettez les truites dans une casserole avec le vin, l'oignon, l'ail, les herbes, salez et poivrez. Couvrez et laissez cuire à feu doux 10 minutes. Retirez les truites et mettez le liquide de cuisson de côté. Otez la peau et les arêtes des poissons et passez la chair au mixeur.

Portez le liquide de cuisson à ébullition et laissez-le réduire d'un tiers, puis passez-le au-dessus du mixeur. Mixez jusqu'à ce que vous ayez une purée lisse. Versez dans une jatte et incorporez-y la crème. Couvrez et mettez au frais.

Répartissez dans des coupes.

Pour 4 à 6 personnes

Mousse de crevettes

2 œufs, blancs et jaunes séparés
125 g de gruyère râpé
1 cuillère à soupe de parmesan râpé
1 pincée de cayenne
1 pincée de muscade râpée
sel et poivre
30 cl de crème fraîche
50 g de crevettes décortiquées hachées
POUR DÉCORER :
crevettes non décortiquées (facultatif)
rondelles de citron

Battez les jaunes d'œufs, puis incorporez les fromages, le cayenne, la muscade ; salez légèrement et poivrez.

Fouettez la crème jusqu'à ce qu'elle soit très ferme. Incorporez-lui le mélange précédent et les crevettes. Battez les blancs d'œufs en neige très ferme et incorporez-les au mélange.

Répartissez dans 4 ramequins et mettez au frais jusqu'au moment de servir.

Décorez avec des crevettes et des rondelles de citron.

Pour 4 personnes

Mousse de crevettes ; mousse de truite fumée

Tartelettes aux crevettes

220 g de pâte brisée
3 cuillères à soupe de mayonnaise (voir ci-dessous)
3 cuillères à soupe de crème fraîche
1 cuillère à soupe de ketchup
1/2 cuillère à café de tabasco
1 cuillère à café de cayenne
2 cuillères à soupe de ciboulette hachée
sel et poivre
175 g de crevettes décortiquées
8 cm de concombre en dés
2 tomates pelées et hachées
2 œufs durs hachés
herbes pour décorer

Étalez la pâte sur 5 mm d'épaisseur sur un plan de travail fariné. Découpez-y 24 cercles de 8 cm de diamètre et posez-les dans des petits moules. Piquez la pâte et faites cuire 10 à 15 minutes au four (180°). Laissez refroidir sur une grille.

Mélangez la mayonnaise, la crème, le ketchup, le tabasco, le cayenne, la ciboulette, salez, poivrez. Ajoutez le reste des ingrédients.

Répartissez ce mélange sur les tartelettes, posez-les sur un plat de service et décorez avec les herbes.

Pour 24 tartelettes

Brochettes de coquilles Saint-Jacques

15 cl de vin blanc sec
1 cuillère à soupe de vinaigre de cidre
1 cuillère à soupe d'aneth haché
1/2 cuillère à café de sel
12 grosses coquilles Saint-Jacques
2 concombres pelés, en rondelles de 1 cm
8 grosses crevettes
15 g de beurre fondu
POUR DÉCORER :
quartiers de tomates
feuilles de basilic

Mettez le vin, le vinaigre, l'aneth et le sel dans une casserole, portez à ébullition, puis ajoutez les coquilles Saint-Jacques et le concombre. Laissez frémir 2 minutes, puis retirez les Saint-Jacques et mettez le liquide de côté.

Piquez une crevette sur chaque brochette, puis les Saint-Jacques et le concombre, en terminant par une crevette. Badigeonnez de beurre et faites cuire 3 minutes de chaque côté sous le gril, en arrosant avec le liquide de cuisson.

Disposez les brochettes sur un plat de service chaud et décorez avec les tomates et le basilic ; servez avec une sauce tomate piquante (page 75).

Pour 4 personnes

Mayonnaise rapide

2 jaunes d'œufs
1/2 cuillère à café de sel
1/2 cuillère à café de poivre
1 cuillère à café de moutarde
2 cuillères à café de vinaigre de vin
30 cl d'huile d'arachide (ou un mélange égal d'huile d'olive et d'huile de tournesol)

Placez dans un mixeur les jaunes d'œufs, les assaisonnements et le vinaigre, et travaillez le tout quelques secondes à vitesse moyenne. Ajoutez alors l'huile goutte à goutte, puis en filet mince à mesure que la mayonnaise monte.

Conservez 10 jours maximum au réfrigérateur.

Pour 30 cl environ

Mayonnaise rose : pelez, épépinez et hachez 2 tomates. Mettez-les dans un mixeur avec 1 gousse d'ail pilée, 1/2 cuillère à café de cassonade et 2 cuillères à café de concentré de tomates. Travaillez le tout 30 secondes à vitesse maximum, puis incorporez à la mayonnaise.

Brochettes de coquilles Saint-Jacques

Salade de roussette

500 g de roussette
30 cl de vin blanc sec ou d'eau
1 oignon coupé gros
1 feuille de laurier
sel et poivre
500 g de pommes de terre nouvelles cuites, coupées en deux
1/2 concombre en dés
250 g de betteraves rouges en cubes
2 cuillères à soupe de câpres
SAUCE :
15 cl de fromage frais
le jus de 1/2 citron
2 cuillères à soupe de ciboulette hachée
1 cuillère à soupe de cerfeuil haché

Mettez dans une casserole le poisson, le vin, l'oignon, le laurier ; salez, poivrez et laissez frémir 10 à 15 minutes. Égouttez le poisson, laissez-le refroidir et coupez-le en cubes.

Mettez ces cubes dans un saladier avec les pommes de terre, le concombre, les betteraves et les câpres.

Mélangez les ingrédients de la sauce, salez, poivrez, versez sur la salade et tournez bien.
Pour 4 personnes

Mousse d'anguille fumée

350 g d'anguille fumée
125 g de fromage blanc non lissé
15 cl de crème fraîche
1 cuillère à soupe de jus de citron
2 cuillères à soupe de persil haché
sel et poivre
POUR DÉCORER :
feuilles de laitue
rondelles de concombre
rondelles de citron

Retirez la peau et les arêtes de l'anguille et émiettez-la. Passez-la au mixeur avec le reste des ingrédients, salez et poivrez. Versez dans une jatte et laissez au réfrigérateur jusqu'au moment de servir.

Répartissez la mousse dans des assiettes recouvertes de feuilles de laitue. Décorez avec le concombre et le citron.
Pour 4 personnes

Salade de scampi

1 cuillère à soupe d'huile d'olive
sel et poivre
250 g de scampi
1 avocat pelé, dénoyauté et coupé en lamelles
2 oranges pelées et séparées en quartiers
2 endives, feuilles séparées
SAUCE :
2 cuillères à soupe d'huile d'olive
3 cuillères à soupe de jus d'orange
2 cuillères à soupe de jus de citron
1 cuillère à soupe de cerfeuil haché
1 cuillère à café de ciboulette hachée

Faites chauffer l'huile dans une poêle, salez, poivrez et faites revenir 3-5 minutes les scampi. Retirez-les.

Disposez dans des assiettes l'avocat, les quartiers d'orange, les endives et les scampi.

Mélangez tous les ingrédients de la sauce et répartissez sur les assiettes.

Vous pouvez aussi couper tous les ingrédients, les mettre dans un saladier et les arroser de sauce.
Pour 4 personnes
Note : si vous servez cette salade comme plat principal, utilisez 500 g de scampi.

Salade de truite aux kiwis

175 g de truite fumée
1 kiwi en rondelles
2 pommes évidées et hachées
50 g d'amandes effilées grillées
2 cuillères à soupe de crème fraîche
1 cuillère à café de jus de citron
poivre
menthe pour décorer

Retirez la peau et les arêtes du poisson. Coupez-le en morceaux et mettez-le dans un saladier. Coupez chaque tranche de kiwi en 4 et ajoutez-les ainsi que les pommes, les amandes, la crème, le jus de citron, poivrez.

Mélangez bien et répartissez dans 4 assiettes, puis décorez avec la menthe.
Pour 4 personnes

Salade de roussette ; salade de scampi ; salade de truite aux kiwis

SOUPES ET HORS-D'ŒUVRE

Croûtes aux champignons

50 g de beurre
1 petit oignon haché fin
le jus de 1 citron
250 g de petits champignons de Paris coupés en lamelles
35 cl de crème fraîche
4 cuillères à café de maïzena
1 cuillère à café de curry
sel et poivre
4 tranches de pain de mie grillées
persil haché pour décorer

Faites fondre le beurre dans une poêle et faites-y revenir doucement l'oignon. Ajoutez le jus de citron et les champignons, laissez cuire encore 5 minutes.

Ajoutez la crème, laissez cuire 2 minutes, tout en tournant ; puis incorporez la maïzena délayée avec un peu d'eau, et tournez jusqu'à ce que la sauce épaississe. Ajoutez le curry, salez et poivrez.

Répartissez le mélange sur les tranches de pain chaudes, décorez avec le persil et servez aussitôt.
Pour 4 personnes

Tomates au four

40 g de beurre
1 petit oignon haché
50 g de chapelure
100 g d'œufs de cabillaud fumés
le zeste râpé de 1/2 citron
sel et poivre
1 pincée de cayenne
4 grosses tomates coupées en deux, épépinées et égouttées
2-3 cuillères à soupe de vin blanc sec
olives noires pour décorer

Faites fondre la moitié du beurre dans une poêle et laissez-y revenir doucement l'oignon. Incorporez et dorez la chapelure et mettez de côté 4 cuillères à café de ce mélange.

Émiettez les œufs de poisson et incorporez-les au mélange dans la poêle avec le zeste de citron. Salez, poivrez et ajoutez le cayenne.

Répartissez ce mélange dans les moitiés de tomate, puis versez dessus le vin. Saupoudrez avec le reste de chapelure mis de côté et parsemez de petits morceaux de beurre.

Faites cuire 15 à 20 minutes dans un four moyen (180°). Décorez avec les olives et servez chaud.
Pour 4 personnes

Croûtes aux champignons ; tomates au four

Ramequins aux épinards

250 g de petits-suisses
125 g d'épinards hachés, décongelés
quelques gouttes de tabasco
le jus de 1/2 citron
1 pincée de muscade râpée
sel et poivre
4 rondelles de citron

Battez les petits-suisses pour obtenir une crème lisse. Égouttez soigneusement les épinards, puis incorporez-les peu à peu à cette crème.
 Ajoutez le tabasco, le jus de citron, la muscade, salez et poivrez. Fouettez jusqu'à ce que le mélange soit homogène. Répartissez-le dans des ramequins et mettez à glacer.
 Pour servir, décorez chaque ramequin avec une rondelle de citron.
Pour 4 personnes
Note : vous pouvez aussi utiliser des épinards frais ou en boîte.

Œufs farcis

4 œufs durs
1 boîte de sardines à l'huile (120 g)
1 cuillère à soupe de chapelure
2 cuillères à soupe de mayonnaise (page 21)
1 cuillère à soupe de jus de citron
sel et poivre
persil haché pour décorer

Coupez les œufs en deux dans le sens de la longueur et retirez les jaunes. Égouttez les sardines, puis écrasez-les.
 Écrasez les jaunes et mélangez-les avec les sardines, la chapelure, la mayonnaise et le jus de citron. Salez, poivrez, puis répartissez le mélange dans les blancs.
 Décorez avec le persil.
Pour 4 personnes

Pâté au poulet et aux noix

175 g de saucisse de foie d'Alsace
1 gousse d'ail écrasée
3 cuillères à soupe de vin blanc sec
125 g de poulet cuit haché
50 g de noix hachées grossièrement
poivre
persil pour décorer

Mélangez la saucisse de foie avec l'ail et le vin, pour obtenir un mélange homogène.
 Ajoutez le poulet, les noix, et poivrez. Répartissez le mélange dans des ramequins individuels et décorez avec le persil.
 Accompagnez de pain de campagne.
Pour 4 personnes

Pizzas à la française

1 baguette
1 boîte de concentré de tomates (60 g)
1-2 cuillères à café d'herbes de Provence
1-2 gousses d'ail pilées
4 tomates en tranches
125 g de salami
8 tranches de lard découennées
2 cuillères à soupe de câpres
125 g de gruyère râpé

Coupez la baguette en deux dans le sens de la longueur et tartinez-la de concentré. Parsemez d'herbes et d'ail.
 Disposez les tomates et le salami sur chaque moitié de baguette. Ajoutez le lard, répartissez les câpres dessus et saupoudrez de fromage.
 Coupez chaque demi-baguette en quatre. Mettez sur la plaque du four légèrement huilée et faites cuire 15 minutes au four (200°). Servez chaud.
Pour 4 à 8 personnes
Note : pour la garniture, vous pouvez varier les ingrédients à votre gré.

(Illustration p. 6)

LÉGUMES ET SALADES

Comme ce chapitre vous le montrera, ces plats ne sont pas nécessairement composés de sinistres légumes bouillis. Avec un peu de réflexion, vous réaliserez des assemblages colorés de légumes cuits à la vapeur ou bouillis, de légumes cuits dans leur peau en beignets ou revenus rapidement, et ceci toute l'année.

Bien des recettes de ce chapitre accompagneront agréablement des rôtis, des volailles, du poisson, mais certaines sont aussi bien des repas en elles-mêmes comme la purée gratinée, les légumes en béchamel ou les œufs à l'espagnole.

Si vous prévoyez une salade, vous pourrez choisir parmi un large éventail : cela va de la simple salade de carottes aux raisins, de la salade de betterave et d'orange, de la salade de dattes et de noix, aux salades plus sophistiquées comme la salade brésilienne, la salade de pommes de terre à l'oseille ou la salade de saumon.

Les salades ne sont pas seulement des plats d'été. En hiver préparez une délicieuse salade au chou, une salade de haricots ou une salade d'hiver. Réservez les tomates-cerises sauce avocat, la salade d'épinards aux foies de volaille et la salade mixte pour les beaux jours, car les légumes verts sont alors parfaits et meilleur marché.

LÉGUMES ET SALADES

Beignets de maïs

1 boîte (300 g) de
  maïs en grains
  égoutté
3 œufs battus
50 g de beurre fondu
4 cuillères à soupe
  de gruyère râpé
sel et poivre
huile à friture
cresson pour décorer

Mélangez dans une jatte le maïs, les œufs, le beurre, le fromage, du sel et du poivre.

Faites chauffer l'huile à friture ; quand elle atteint 180°, faites-y tomber des cuillères du mélange et laissez frire les beignets environ 4 minutes.

Retirez-les à l'aide d'une écumoire et égouttez-les sur du papier absorbant, puis servez-les aussitôt, décorés de cresson.

Pour 4 personnes

Légumes en béchamel

1 chou-fleur séparé
  en bouquets
sel
2 cuillères à soupe
  d'huile
4 cuillères à soupe
  de farine complète
35 cl de lait
320 g de maïs en
  grains égoutté
2 cuillères à soupe
  de persil haché
125 g de gruyère
  râpé
POUR COUVRIR :
50 g de farine
  complète
25 g de beurre
25 g de flocons
  d'avoine
25 g d'amandes
  effilées

Faites cuire le chou-fleur à l'eau bouillante salée 5 minutes. Égouttez-le et mettez l'eau de cuisson de côté.

Faites chauffer l'huile dans la même casserole et tournez la farine. Retirez du feu, incorporez peu à peu le lait, puis 15 cl de l'eau de cuisson, portez à ébullition et laissez cuire 3 minutes.

Ajoutez le maïs, le persil et la moitié du fromage. Ajoutez délicatement le chou-fleur et versez dans un plat à gratin.

Pour couvrir, mélangez du bout des doigts la farine et le beurre jusqu'à ce que cela soit grumeleux. Ajoutez les flocons d'avoine, les amandes et le reste de fromage, répartissez sur le plat et faites cuire 30 minutes au four (190 °C).

Pour 4 personnes

Oignons au four

4 gros oignons ou 8
  moyens, non pelés
sel et poivre
persil haché pour
  décorer

Coupez la queue des oignons, ainsi que leur base, afin qu'ils soient stables. Faites sur chacun 4 incisions en croix, du sommet jusqu'au milieu.

Posez-les dans un plat à four et faites-les cuire 30 à 45 minutes (180°) ; le centre doit être tendre.

Otez la peau, salez et poivrez, puis décorez avec du persil haché. Servez chaud.

Pour 4 personnes

LÉGUMES ET SALADES 29

Œufs à l'espagnole

4 cuillères à soupe d'huile
2 tranches de pain en cubes
2 pommes de terre en dés
1 oignon haché
125 g de lardons
50 g de haricots verts, coupés en tronçons de 5 cm
6 tomates pelées, épépinées et concassées
2 courgettes émincées
8 rondelles de saucisson coupées en dés
4 œufs
1 cuillère à soupe de persil haché

Faites chauffer l'huile dans une grande poêle et faites-y dorer le pain. Égouttez sur du papier absorbant.
　Dans la même poêle, mettez les pommes de terre à revenir 15 minutes ; quand elles sont dorées, ajoutez l'oignon et le lard, laissez cuire 2 minutes ; mettez les haricots, les tomates et les courgettes, et continuez la cuisson 5 à 7 minutes. Ajoutez le saucisson.
　Transférez dans un plat à four. Avec une cuillère, faites 4 creux dans la préparation et cassez un œuf dans chacun d'eux. Enfournez 12 minutes à 180°. Répartissez le pain dessus et remettez 3 minutes au four.
　Parsemez de persil et servez immédiatement.
Pour 4 personnes

Maïs au four

25 g de farine
2 œufs battus
25 g de beurre fondu
6 cuillères à soupe de lait
sel et poivre
2 boîtes de 300 g de maïs en grains, égoutté
1 paquet (70 g) de chips écrasées
persil pour décorer

Mettez la farine dans une jatte et incorporez-lui peu à peu les œufs, le beurre et le lait, en battant constamment jusqu'à ce que le mélange soit homogène. Salez et poivrez, puis incorporez le maïs.
　Répartissez ce mélange dans un plat à four et saupoudrez le dessus de chips.
　Faites cuire 35 minutes au four (190°) ; le dessus doit être doré et ferme. Décorez avec du persil et servez aussitôt.
Pour 4 personnes

Purée gratinée

750 g de pommes de terre cuites, réduites en purée
sel et poivre
1 pincée de muscade râpée
50 g de beurre
80 g de gruyère râpé
POUR DÉCORER :
rondelles de tomates
persil

Salez et poivrez la purée, ajoutez la muscade et incorporez en battant la moitié du beurre. Étalez la purée dans un plat à four, saupoudrez le dessus de fromage et du reste de beurre.
　Faites cuire 15 minutes au four (180°), puis passez 3 minutes sous le gril.
　Poivrez et décorez avec des rondelles de tomate et du persil. Servez aussitôt.
Pour 4 personnes

A GAUCHE : *beignets de maïs*
CI-DESSUS : *purée gratinée*

LÉGUMES ET SALADES

Salade rouge et jaune

2 grosses oranges
4 cuillères à soupe de vinaigrette (page 15)
1 gousse d'ail hachée
500 g de betteraves rouges coupées en tranches
feuilles de cresson pour décorer

Râpez le zeste d'une orange et mélangez-le avec la vinaigrette. Ajoutez l'ail. Pelez et coupez les deux oranges en tranches fines, en enlevant les pépins.

Disposez les tranches d'orange et de betterave en couches alternées sur un plat. Nappez de vinaigrette et décorez avec les feuilles de cresson. Mettez à glacer avant de servir.
Pour 4 personnes

Salade de carottes aux raisins

500 g de carottes râpées
80 g de raisins secs
2 cuillères à soupe de sauce soja
persil haché

Mélangez les carottes et les raisins dans une jatte.

Versez dessus la sauce soja et mélangez bien. Décorez avec du persil haché.
Pour 4 personnes
Note : vous pouvez remplacer la moitié des carottes par la même quantité de chou blanc râpé.

Salade de chou-fleur

500 g de bouquets de chou-fleur
sel
1/2 botte de cresson
25 g de graines de citrouille
4 cuillères à soupe de vinaigrette (page 15)

Faites cuire le chou-fleur à l'eau bouillante salée 1 minute ; égouttez-le et laissez-le refroidir. Mélangez-le dans un plat creux avec le reste des ingrédients.
Pour 4 personnes

Tomates au raifort

4 grosses tomates, émincées
3 cuillères à soupe de mayonnaise (page 21)
1 cuillère à soupe de raifort râpé
1-2 cuillères à soupe de crème fraîche (facultatif)
persil haché pour décorer

Disposez les tomates sur le plat de service. Mélangez la mayonnaise au raifort et à la crème.

Versez la sauce sur les tomates et décorez avec le persil.
Pour 4 personnes

Salade rouge et jaune

Haricots en salade

1 boîte de haricots rouge (420 g)
1 boîte de haricots blancs (420 g)
1 boîte de cœurs d'artichauts (400 g) égouttés
4 ciboules
2 branches de céleri
1 petit poivron vert épépiné
2 œufs durs
SAUCE :
1 gousse d'ail pilée
15 cl de mayonnaise (page 21)
3 cuillères à soupe de persil, basilic et thym hachés
quelques gouttes de jus de citron
sel et poivre
1 cuillère à soupe de câpres
POUR GARNIR :
125 g de lard découenné

(Illustration p. 26)

Dans une passoire, rincez les haricots à l'eau froide et laissez-les bien s'égoutter. Coupez les fonds d'artichauts en quatre.

Mettez les haricots et les artichauts dans un saladier. Hachez ciboules, céleri et poivron ; ajoutez-les au contenu du saladier. Coupez les œufs en quatre et disposez-les tout autour.

Pour la sauce, mélangez ail, mayonnaise, herbes et jus de citron ; salez et poivrez. Ajoutez les câpres. Versez sur la salade et remuez.

Faites dorer le lard sous un gril chaud ; il doit être croustillant. Répartissez-le, émietté, sur la salade. Servez immédiatement.
Pour 4 personnes

Salade de dattes aux noix

180 g de dattes fraîches dénoyautées, coupées en deux
3 pommes évidées et émincées
50 g de cerneaux de noix
3 cuillères à soupe de jus de citron
15 cl de yaourt nature
sel

Mettez les dattes, les pommes et les noix dans une jatte.

Mélangez le jus de citron et le yaourt. Salez. Versez sur les fruits et tournez jusqu'à ce que tout soit bien couvert de sauce.
Pour 4 personnes

Salade de dattes aux noix

LÉGUMES ET SALADES

Tomates aux anchois

4 œufs durs émincés
1 cuillère à soupe de câpres
2 cuillères à soupe de cornichons hachés
6 tomates pelées et coupées en deux
SAUCE :
4 cuillères à soupe de vinaigrette (page 15)
2 cuillères à soupe de ketchup
2 cuillères à soupe de diverses herbes hachées
POUR GARNIR :
1 boîte d'anchois
brins de cresson

Répartissez les œufs durs sur 4 assiettes. Parsemez de câpres et de cornichons. Posez 3 moitiés de tomate sur chaque assiette, partie bombée vers le haut.

Dans un bol, mélangez les ingrédients de la sauce et nappez-en bien les tomates.

Coupez les anchois en 2 dans le sens de la longueur, ou en 3 s'ils sont très épais, et posez-les en croix sur chaque tomate. Garnissez de cresson.
Pour 4 personnes

Caponata

1 grosse aubergine
sel et poivre
2 branches de céleri, en dés
3 cuillères à soupe d'huile d'olive
1 oignon haché
1 boîte de tomates, égouttées et hachées (220 g)
1 1/2 cuillère à café de concentré de tomates
40 g d'olives vertes dénoyautées
1 cuillère à soupe de vinaigre de vin
1 cuillère à soupe de câpres
quelques feuilles de laitue

Coupez l'aubergine en dés de 1 cm. Mettez dans une passoire, saupoudrez de sel et laissez dégorger 30 minutes. Rincez et séchez.

Blanchissez le céleri 5 minutes à l'eau bouillante ; égouttez.

Chauffez 2 cuillères à soupe d'huile dans une poêle et faites blondir l'aubergine 10 à 15 minutes, en remuant souvent. Retirez du récipient.

Mettez le reste d'huile dans la poêle et faites fondre l'oignon 5 minutes à feu doux. Ajoutez tomates, concentré, olives et céleri ; salez et poivrez. Couvrez et laissez frémir 5 minutes.

Ajoutez vinaigre, câpres et aubergine, couvrez et laissez frémir 5 minutes encore ; faites refroidir. Servez des feuilles de laitue.
Pour 4 à 5 personnes

Salade baltique

2 rollmops
quelques feuilles de chicorée frisée
2 pommes rouges évidées
1 petit oignon émincé
15 cl de sauce à la crème et au citron (page 40)
paprika

Déroulez les rollmops, coupez-les en deux dans le sens de la longueur, puis en morceaux de 1 cm.

Répartissez la frisée sur des assiettes. Coupez les pommes en fines rondelles.

Alternez rollmops, pommes et oignon sur la frisée. Nappez de sauce et saupoudrez de paprika.
Pour 4 personnes

A GAUCHE : *tomates aux anchois ; caponata ; salade baltique*
A DROITE : *salade au cresson ; salade d'hiver*

Salade au cresson

6 tranches de pain
huile à friture
4 œufs durs hachés
1 botte de cresson
1 poivron vert épépiné
sel et poivre
SAUCE :
50 g de bleu d'Auvergne
2 cuillères à soupe de mayonnaise (page 21)
2 cuillères à soupe de crème fraîche
2 cuillères à soupe de persil et ciboulette hachés
1 pincée de cayenne

Détaillez le pain en croûtons ; faites-les dorer à la poêle dans l'huile chaude. Égouttez-les sur du papier absorbant.

Dans un grand saladier, mettez les œufs durs et le cresson lavé. Hachez le poivron, ajoutez-le à la salade. Salez et poivrez.

Pour préparer la sauce, écrasez le bleu afin qu'il soit onctueux. Incorporez peu à peu la mayonnaise et la crème ; agrémentez d'herbes et de cayenne. Salez et poivrez.

Versez l'assaisonnement sur la salade, ajoutez les croûtons et remuez. Servez immédiatement.

Pour 4 personnes

Salade d'hiver

500 g de petites pommes de terre
1 petit oignon
2 branches de céleri
2 carottes râpées
2 endives
125 g de jambon
50 g de salami
sel et poivre
SAUCE :
15 cl de crème fraîche
2 cuillères à soupe de mayonnaise (page 21)
2 cuillères à soupe de ciboulette hachée
1 cuillère à café de moutarde
1 cuillère à soupe de poivre vert
1 cuillère à soupe de persil haché
3 œufs durs

Faites bouillir les pommes de terre, non pelées, 15 à 20 minutes dans de l'eau salée, jusqu'à ce qu'elles soient tendres. Égouttez-les, pelez-les et émincez-les. Mettez-les dans un saladier. Hachez l'oignon et le céleri ; ajoutez-les avec les carottes. Réservez quelques feuilles d'endive pour la garniture. Émincez le reste, ainsi que le jambon ; coupez le salami en dés. Tranférez dans le saladier, salez et poivrez. Remuez bien.

Pour la sauce, mélangez tous les ingrédients, sauf les œufs ; salez et poivrez.

Coupez les œufs en deux ; séparez le blanc du jaune. Hachez les blancs et ajoutez-les à l'assaisonnement. Versez sur la salade ; remuez légèrement.

Écrasez les jaunes, répartissez-les sur la salade et garnissez de feuilles d'endive pour servir.

Pour 4 personnes

Crudités sauce aïoli

1/2 petit chou-fleur
4 carottes
4 branches de céleri
1 poivron vert et 1 rouge, épépinés
250 g de petites pommes de terre nouvelles bouillies
AÏOLI :
2 jaunes d'œufs
6 gousses d'ail pilées
1/2 cuillère à café de sel
30 cl d'huile d'olive
2 cuillères à café de jus de citron

Séparez le chou-fleur en bouquets. Coupez carottes, céleri et poivrons en bâtonnets.

Pour l'aïoli, battez les jaunes d'œufs, l'ail et le sel jusqu'à ce qu'ils épaississent. Versez l'huile goutte à goutte, tout en remuant. Quand l'aïoli prend, ajoutez 1 cuillère à café de jus de citron, puis versez l'huile en filet régulier, en battant énergiquement. Incorporez le reste de jus de citron.

Mettez dans un bol, que vous placerez sur un plat, et dressez les légumes autour.

Pour 4 personnes

Note : en saison, utilisez les jeunes carottes entières. L'aïoli, tel qu'on le sert en Provence, est très épais, onctueux, et fleure bon l'ail. Tous les légumes utilisés en salade peuvent être servis en crudités ; essayez aussi les radis, le concombre, les champignons, les artichauts poivrade et le fenouil.

Omelette espagnole

3 cuillères à soupe d'huile d'olive
2 oignons hachés
2 gousses d'ail écrasées
1 poivron rouge évidé et haché
4 œufs
sel et poivre
2 grosses pommes de terre cuites et émincées
2 cuillères à soupe de persil haché

Faites chauffer 2 cuillères à soupe d'huile dans une poêle de 24 cm, ajoutez et faites revenir les oignons. Ajoutez l'ail, le poivron et laissez cuire 10 minutes.

Battez les œufs dans une jatte avec le sel, le poivre, puis ajoutez-leur les pommes de terre, le persil et le mélange précédent.

Faites chauffer le reste d'huile dans la poêle, versez le mélange et laissez cuire 5 minutes, en secouant la poêle.

Passez 3 minutes sous le gril, faites glisser l'omelette sur le plat de service et coupez-la en portions.

Pour 4 personnes

Salade de chou

1 petit chou blanc
125 g de cacahuètes salées, hachées
2 poivrons rouges évidés et hachés
1 cuillère à soupe de sauce soja
2 cuillères à soupe de jus de citron
1/2 cuillère à café de cayenne
1/2 cuillère à café de sel

Émincez finement le chou et mettez-le dans une jatte. Mélangez le reste des ingrédients dans un bol et versez le tout sur le chou. Servez aussitôt.

Pour 4 personnes

LÉGUMES ET SALADES

Asperges Ile-de-France

*500 g d'asperges
sel
4 cuillères à soupe
  de vinaigrette au
  citron (page 37)
1 œuf dur
1 cuillère à soupe de
  persil haché*

Épluchez les asperges et coupez-les à la même longueur, ficelez-les en botte, mettez-les debout dans un faitout d'eau bouillante salée. Couvrez de papier d'aluminium, bombé au-dessus des pointes afin qu'elles cuisent dans la vapeur. Comptez 15 minutes de cuisson pour les petites asperges, 30 minutes maximum pour les grosses. Égouttez bien, transférez sur un plat et laissez refroidir.

Versez la sauce sur les asperges. Hachez le blanc d'œuf et répartissez-le dessus. Pilez le jaune au tamis au-dessus du plat et parsemez de persil.
Pour 4 personnes

Salade brésilienne

*quelques feuilles de
  chicorée frisée
1 boîte de cœurs de
  palmier, égouttés
  (420 g)
1 avocat
3 cuillères à soupe
  de vinaigrette
  (page 15)
2 cuillères à soupe
  de graines de
  sésame grillées*

Coupez les feuilles de frisée et placez-les dans six coupelles. Coupez les cœurs de palmier en quatre dans le sens de la longueur. Coupez l'avocat en deux et retirez le noyau. Pelez chaque moitié et émincez-la dans le sens de la longueur. Disposez sur la frisée, nappez de sauce et parsemez de graines de sésame.
Pour 6 personnes

Poireaux vinaigrette

*8 petits poireaux
sel
1 œuf dur finement
  haché
1 cuillère à soupe de
  persil haché
4 cuillères à soupe
  de vinaigrette
  (page 15)
125 g de lard fumé,
  découenné et
  haché*

Coupez le vert des poireaux et fendez-les sur une partie pour les laver. Faites-les cuire 8 minutes à l'eau bouillante salée. Égouttez-les, disposez-les dans des raviers et laissez refroidir.

Ajoutez l'œuf et le persil à la sauce et nappez-en les poireaux. Faites revenir le lard dans sa graisse jusqu'à ce qu'il soit croustillant, puis répartissez-le sur les poireaux.
Pour 4 personnes

A GAUCHE : *crudités sauce aïoli*
A DROITE : *asperges Île-de-France ; salade brésilienne*

LÉGUMES ET SALADES

Salade de mâche Val-fleuri

La mâche, ou doucette, est une salade de saveur douce, facile à cultiver dans les potagers.

250 g de mâche
1 tête de trévisette
1 endive
1/2 bulbe de fenouil
quelques feuilles de pissenlit, coupées en deux (facultatif)
2 cuillères à soupe de persil haché
50 g de cerneaux de noix
6 cuillères à soupe de vinaigrette (page 15)

Lavez soigneusement la mâche et mettez les feuilles dans un saladier. Fragmentez la trévisette et détaillez l'endive en lamelles de 1 cm. Émincez le fenouil. Mettez le tout dans le saladier avec le reste des ingrédients et remuez bien.
Pour 6 à 8 personnes

Salade verte ciselée

125 g de chou chinois
125 g de romaine
2 bottes de cresson alénois
6 ciboules émincées
6 cuillères à soupe de vinaigrette (page 15)

Ciselez le chou chinois et la romaine en fines lanières. Mettez le tout dans un saladier. Ajoutez le cresson et la ciboule ; mélangez bien.
   Assaisonnez et remuez au moment de servir.
Pour 4 à 6 personnes
Note : vous pouvez aussi utiliser des germes de soja.

Tomates-cerises sauce avocat

500 g de tomates-cerises pelées
15 cl de sauce à l'avocat (page 37)
1 cuillère à soupe de persil haché

Disposez les tomates dans un ravier. Nappez-les de sauce et parsemez le tout de persil.
Pour 4 personnes

Salade de mâche Val-fleuri ; salade verte ciselée

LÉGUMES ET SALADES

Salade du chef

1 tête de chicorée frisée
75 g de gruyère en dés
25 g de noisettes hachées grossièrement
75 g de jambon fumé, en dés
4 cuillères à soupe de vinaigrette (page 15)
1 cuillère à soupe de persil haché

Séparez les feuilles de chicorée et mettez-les dans une jatte avec fromage, noisettes et jambon. Ajoutez la vinaigrette et tournez bien. Présentez dans un saladier et parsemez de persil.
Pour 6 à 8 personnes

Vinaigrette verte

15 cl d'huile d'olive
4 cuillères à soupe de vinaigre de vin
1 gousse d'ail pilée
2 cuillères à soupe d'herbes hachées (estragon, persil, ciboulette et thym)
sel et poivre

Mettez tous les ingrédients dans un bocal muni d'un couvercle qui se visse ; salez et poivrez selon le goût. Secouez bien, puis agitez à nouveau au moment de l'emploi.
Pour 25 cl

Vinaigrette au citron jaune ou vert : remplacez le vinaigre par 4 cuillères à soupe de jus de citron jaune ou vert, fraîchement pressé.

Sauce à l'avocat

1 avocat moyen
5 cuillères à soupe de crème fraîche
1 cuillère à café de sauce Worcestershire
15 cl de sauce à la crème et au citron (voir page 40)

Coupez l'avocat en deux, pelez-le, dénoyautez-le et coupez-le en tranches que vous passerez au mixeur avec la crème fraîche et la sauce Worcestershire. Quand le mélange est lisse, incorporez la sauce à la crème et au citron.
Pour 35 cl de sauce

Salade de céleri aux champignons

125 g de lardons
180 g de céleri râpé
125 g de champignons de Paris émincés
2-3 branches de persil, hachées
3 cuillères à soupe de yaourt nature
1 cuillère à soupe de jus de citron
1 cuillère à soupe d'huile de tournesol
1 cuillère à café de moutarde de Dijon
sel et poivre

Faites dorer les lardons dans une poêle dans leur propre graisse.
Mettez le céleri, les champignons, les lardons et le persil dans un saladier.
Mélangez au mixeur 30 secondes le reste des ingrédients, versez dans le saladier et mélangez bien, avant de servir.
Pour 4 personnes

Salade de céleri aux champignons

LÉGUMES ET SALADES

Salade César

Salade César

2 gousses d'ail pilées
6 cuillères à soupe d'huile d'olive
3 tranches de pain
2 cuillères à soupe de jus de citron
1 cuillère à soupe de sauce Worcestershire
sel et poivre
1 grosse romaine
2 œufs, bouillis 1 minute
4 cuillères à soupe de parmesan râpé

Mettez l'ail dans l'huile d'olive et laissez macérer 3 à 4 heures. Passez l'huile.

Coupez le pain en croûtons de 5 mm et faites-les dorer dans 4 cuillères à soupe d'huile aromatisée à l'ail. Égouttez sur du papier absorbant.

Mettez le reste d'huile dans un petit saladier avec le jus de citron, la sauce anglaise, du sel et du poivre ; remuez bien.

Fragmentez la romaine. Mettez-la dans un saladier, versez la sauce dessus et remuez bien.

Cassez les œufs sur la salade, en détachant le blanc à demi pris, et mélangez bien pour que la sauce les enrobe.

Ajoutez le fromage et les croûtons. Tournez une dernière fois au moment de servir.
Pour 6 personnes
Note : cette salade fut créée par un Italien, César Cardini, pour son restaurant de Tijuana au Mexique. De là, elle devait acquérir une réputation internationale.

Salade de tomates à l'oignon

1 kg de tomates fermes, pelées, épépinées et coupées gros
1 cuillère à soupe de persil haché
1 oignon d'Espagne coupé en rondelles
3 cuillères à soupe de vinaigrette au citron (page 37)

Mettez les tomates dans une jatte avec le persil.

Mélangez l'oignon et la vinaigrette à part et laissez reposer 1 heure en tournant de temps en temps.

Assaisonnez les tomates avec la sauce. Présentez dans un plat.
Pour 4 à 6 personnes

Salade de tomates au basilic

500 g de tomates coupées en tranches fines
sel et poivre
3 cuillères à soupe d'huile d'olive
2 cuillères à soupe de basilic coupé fin

Disposez les rondelles de tomates en couches successives dans un plat creux en salant et poivrant au fur et à mesure. Arrosez d'huile et répartissez le basilic.
Pour 4 personnes
Note : le basilic et l'huile d'olive font ressortir le parfum des tomates. Servez cette salade comme accompagnement principal ou comme entrée.

A DROITE : *salade d'épinards aux foies de volaille ; salade de poulet à l'indienne*

LÉGUMES ET SALADES 39

Salade d'épinards aux foies de volailles

250 g d'épinards
3 cuillères à soupe de vinaigrette (page 15)
1 tranche épaisse de jambon cuit (125 g)
2 cuillères à soupe d'huile d'olive
4 foies de volaille, en lamelles
2 cuillères à soupe de vinaigre de cidre
poivre

Équeutez les épinards, lavez-les et épongez-les bien. Ciselez-les en lanières. Mettez dans un saladier avec la vinaigrette, remuez et laissez reposer 10 minutes.

Détaillez le jambon en lanières de 5 mm de large. Faites chauffer une cuillère à soupe d'huile dans une poêle et faites dorer le jambon. Répartissez sur les épinards.

Faites chauffer le reste d'huile, ajoutez les foies et laissez-les dorer 3 à 4 minutes. Disposez sur la salade.

Versez le vinaigre dans la poêle et remuez pour déglacer. Ajoutez à la salade, poivrez bien et tournez. Cette salade est parfaite pour un repas léger.

Pour 4 personnes

Salade de poulet à l'indienne

3 branches de céleri
350 g de poulet cuit, coupé en lanières
1 boîte d'ananas (225 g), égoutté
50 g d'amandes effilées grillées
6 cuillères à soupe de mayonnaise (page 21)
4 cuillères à soupe de yaourt nature
1 cuillère à café de curry en poudre
1 cuillère à soupe de ketchup
feuilles de laitue

Coupez le céleri en bâtonnets de 3 cm × 5 mm. Mettez dans un saladier avec le poulet, l'ananas coupé en dés et les amandes. Remuez le tout.

Mélangez la mayonnaise, le yaourt, le curry et le ketchup, nappez-en la salade et tournez.

Disposez la laitue dans un plat de service et placez la salade au centre.

Pour 4 à 6 personnes

LÉGUMES ET SALADES

Salade de saumon nordique

Salade de saumon nordique

2 cuillères à soupe de sel fin de mer
2 cuillères à soupe de sucre semoule
1 cuillère à café de poivre du moulin
2 cuillères à soupe d'aneth haché
750 g de saumon, pris dans la queue, en filet
1 bulbe de fenouil
2 cuillères à soupe de vinaigrette au citron (page 37)
SAUCE A L'ANETH :
2 cuillères à soupe de moutarde
1 cuillère à soupe de sucre semoule
1 cuillère à soupe de vinaigre de vin
6 cuillères à soupe d'huile d'olive
2 cuillères à soupe de crème fraîche
2 cuillères à soupe d'aneth haché

Mélangez sel, sucre, poivre et aneth. Étalez-en la moitié au fond d'un plat, disposez le saumon dessus et saupoudrez avec le reste du mélange. Couvrez et laisser mariner 2 à 3 jours au réfrigérateur, en tournant le saumon chaque jour.

Coupez les tiges, la base et les feuilles dures du fenouil ; réservez quelques feuilles tendres pour garnir. Taillez le bulbe en fins bâtonnets. Mettez dans un saladier et versez la vinaigrette. Remuez bien ; laissez mariner 1 heure.

Pour la sauce, battez la moutarde, le sucre et le vinaigre. Ajoutez l'huile peu à peu, en remuant bien au fur et à mesure que vous versez. Incorporez la crème, puis l'aneth.

Retirez la peau du saumon, coupez-le en lanières de 3 mm de large, en diagonale, que vous disposerez sur un plat. Nappez-le de sauce à l'aneth et mettez le fenouil de part et d'autre. Garnissez de feuilles de fenouil. Servez avec du pain de seigle.
Pour 4 personnes

Harengs à la suédoise

4 rollmops
125 g de betterave rouge cuite, en dés
250 g de pommes de terre cuites, en dés
1 petit oignon haché
2 cornichons malossol hachés
15 cl de sauce à la crème et au citron (voir ci-contre)
2 œufs durs hachés
1 cuillère à soupe d'aneth ou de fenouil haché

Déroulez les rollmops, coupez-les en deux dans le sens de la longueur, puis en fines lamelles. Mettez dans un saladier avec les légumes, versez la sauce et remuez bien.

Tranférez la salade dans un plat de service. Répartissez les œufs durs dessus et garnissez d'aneth ou de fenouil.
Pour 4 personnes

Sauce à la crème et au citron

15 cl de crème fraîche
1 cuillère à soupe de jus de citron
1 gousse d'ail pilée
1 cuillère à soupe de yaourt goût « bulgare »
sel et poivre

Mettez tous les ingrédients dans un grand bol ; salez et poivrez. Mélangez à la fourchette.
Pour 15 cl environ

LÉGUMES ET SALADES

Émincé de poulet et d'avocat

2 avocats coupés en deux, dénoyautés et pelés
2-3 cuillères à café de jus de citron
250 g de poulet cuit, en morceaux
1 boîte de châtaignes d'eau (230 g), égouttées et émincées
6 cuillères à soupe de yaourt nature
1/2 cuillère à café de sauce Worcestershire
sel et poivre
6 cuillères à soupe de mayonnaise (page 21)

Émincez l'un des avocats. Réservez 3 tranches et arrosez-les de jus de citron.

Mettez les autres dans un saladier, versez le reste de jus de citron et remuez bien ; ainsi, elles ne noirciront pas. Ajoutez le poulet et les châtaignes ; mélangez bien.

Mettez le second avocat dans un mixeur avec le yaourt, la sauce anglaise, du sel et du poivre. Quand le mélange est onctueux, ajoutez la mayonnaise et mélangez.

Assaisonnez la salade et remuez le tout. Transférez sur un plat de service et garnissez avec les tranches d'avocat réservées.

Pour 4 personnes

Émincé de poulet et d'avocat

Salade Waldorf

jus de 1 citron
500 g de pommes rouges non pelées, évidées et émincées
1 tête de céleri coupée en tranches
15 cl de mayonnaise
80 g de cerneaux de noix
1 laitue croquante

Versez le jus de citron dans une grande jatte et passez-y rapidement les pommes pour qu'elles ne s'oxydent pas. Mettez de côté quelques tranches pour décorer.

Ajoutez dans la jatte le céleri, la mayonnaise et les noix.

Disposez les feuilles de salade dans un saladier et disposez au centre le mélange de la jatte. Décorez avec les tranches de pomme et servez aussitôt.

Pour 4 à 6 personnes

Avocat au crabe

350 g de chair de crabe
15 cl de sauce à l'avocat (page 37)
2 avocats coupés en deux, dénoyautés et pelés
2 cuillères à soupe de vinaigrette (page 15)
1 cuillère à soupe de graines de potiron (facultatif)

Émiettez la chair de crabe. Dans un saladier, mélangez-la à la moitié de la sauce à l'avocat.

Émincez les avocats dans le sens de la longueur, disposez les tranches sur un plat de service et badigeonnez-les de vinaigrette.

Placez le crabe au centre, nappez avec le reste de sauce à l'avocat et, le cas échéant, parsemez de graines de potiron.

Pour 4 personnes

LÉGUMES ET SALADES

Haricots verts printaniers

Haricots verts printaniers

100 g de beurre
2 bottes de ciboule coupée en morceaux de 5 cm de long
1 kg de haricots verts
sel et poivre
1 laitue croquante coupée en quatre
1 botte d'herbes (persil et cerfeuil) liées ensemble

Faites fondre le beurre dans une casserole et faites-y revenir la ciboule 2 minutes. Ajoutez les haricots verts et laissez cuire 20 minutes. Salez, poivrez, ajoutez la laitue, les herbes, et laissez cuire encore 5 minutes.
Retirez les herbes et disposez le tout dans un plat de service chaud. Servez aussitôt.
Pour 4 personnes

Champignons farcis

8 gros champignons de Paris
50 g de beurre
1 tranche de mie de pain
1 cuillère à soupe de persil haché
1 gousse d'ail écrasée
4 échalotes hachées
sel et poivre
4 cuillères à soupe de vin blanc sec
persil pour décorer

Retirez la queue des champignons et hachez-la. Faites fondre la moitié du beurre dans une poêle et faites-y cuire 5 minutes les têtes. Retirez-les et mettez-les de côté.
Faites tremper la mie quelques secondes dans un peu d'eau, puis pressez-la et mettez-la dans une jatte.
Faites fondre le reste de beurre dans la poêle et faites-y revenir 5 minutes les queues hachées, le persil, l'ail et les échalotes. Salez, poivrez, versez le vin, augmentez le feu et laissez cuire 2 minutes. Incorporez la mie.
Disposez les têtes de champignons dans un plat à four et répartissez dessus le mélange. Couvrez et faites cuire 20 minutes au four (180°). Servez chaud décoré de persil.
Pour 4 personnes

Haricots à la toscane

2 boîtes (environ 400 g chacune) de haricots blancs
3 cuillères à soupe d'huile d'olive
2 gousses d'ail écrasées
1/2 cuillère à café de sauge sèche
1 boîte (230 g) de tomates égouttées
sel et poivre

Rincez les haricots sous l'eau froide et égouttez-les.
Faites chauffer l'huile dans une casserole et faites revenir l'ail et la sauge 1 à 2 minutes, puis ajoutez les haricots.
Écrasez les tomates à travers un tamis au-dessus de la casserole, salez, poivrez et mélangez bien. Couvrez et laissez mijoter 10 minutes.
Servez chaud comme légume ou bien froid avec du thon, en entrée.
Pour 4 personnes

LÉGUMES ET SALADES

Fenouils à l'italienne

750 g de cœurs de fenouil
sel et poivre
1 rondelle épaisse de citron
1 cuillère à soupe d'huile d'olive
25 g de beurre
25 g de parmesan râpé
quelques feuilles de fenouil pour décorer (facultatif)

Lavez les cœurs de fenouil et coupez-les verticalement, en morceaux de 2 cm d'épaisseur. Mettez-les dans une casserole avec une pincée de sel, le citron, l'huile et ajoutez de l'eau bouillante pour les recouvrir. Laissez cuire 20 minutes ; ils doivent être tendres. Égouttez bien.

Faites fondre le beurre dans un plat à four, ajoutez les fenouils et faites-les tourner afin qu'ils soient bien nappés. Poivrez et saupoudrez de fromage.

Passez-les sous le gril jusqu'à ce qu'ils soient dorés. Décorez avec les feuilles de fenouils et servez aussitôt.

Pour 4 personnes

Salade de fruits de mer

4 coquilles Saint-Jacques, coupées en quatre
16 moules
350 g de filets de cabillaud
15 cl de vin blanc sec
15 cl de bouillon
1 feuille de laurier
1 bouquet garni
sel et poivre
180 g de chair de crabe
SAUCE :
12 cl de mayonnaise (page 21)
2 cuillères à soupe de ciboulette et persil hachés
1 gousse d'ail pilée
2 œufs durs hachés
2 branches de céleri hachées
1/4 de concombre, en dés
POUR SERVIR :
2 petites laitues

Dans une sauteuse, mettez les coquilles Saint-Jacques, les moules et le cabillaud avec le vin, le bouillon et les herbes ; salez et poivrez. Portez à ébullition et laissez cuire 4 minutes, jusqu'à ce que les moules soient ouvertes et que le poisson soit tendre. Passez le liquide ; jetez les moules dont les coquilles sont restées fermées. Décortiquez les autres. Placez poisson et fruits de mer dans un saladier, couvrez et laissez refroidir.

Mettez dans un grand bol la mayonnaise, les herbes et l'ail ; salez, poivrez, puis ajoutez les œufs durs, le céleri et le concombre.

Mélangez le crabe au contenu du saladier, ajoutez la sauce et remuez. Disposez la laitue dans des assiettes et placez la préparation au centre pour servir.

Pour 4 à 6 personnes

Salade de thon

1/2 laitue
4 grosses tomates hachées
50 g d'olives noires, dénoyautées et coupées en deux
1 gousse d'ail écrasée
8 cuillères à soupe de haricots blancs cuits
3 œufs durs, coupés en quatre
1 boîte (environ 200 g) de thon égoutté
SAUCE :
3 cuillères à soupe d'huile d'olive
1 1/2 cuillère à soupe de vinaigre
sel et poivre
1/2 cuillère à café de moutarde
POUR DÉCORER :
ciboulette coupée fin

Disposez la laitue dans un grand saladier et empilez dessus le reste des ingrédients de la salade.

Mélangez tous les ingrédients de la sauce, versez sur la salade et mélangez bien.

Saupoudrez de ciboulette et servez aussitôt.

Pour 4 personnes

Haricots à la toscane

LÉGUMES ET SALADES

Salade mixte

1 laitue croquante ou 125 g de feuilles d'épinard
1/2 poivron vert coupé en lanières
2 tomates fermes coupées en rondelles
1/2 concombre coupé en rondelles
6 radis coupés en rondelles
SAUCE :
3 cuillères à soupe d'huile d'olive
1/2 cuillère à soupe de jus de citron
1 gousse d'ail écrasée
sel et poivre

Séparez les feuilles de laitue ou coupez les feuilles d'épinard en morceaux. Disposez-les dans une jatte et recouvrez-les des autres ingrédients.

Mélangez les ingrédients de la sauce dans un bol, puis nappez-en la salade et tournez-la délicatement. Servez aussitôt.
Pour 4 personnes

Salade de fenouil

1 gros cœur de fenouil
1/2 concombre coupé en dés
4 radis en rondelles
2 oranges en quartiers
SAUCE :
2 cuillères à soupe d'huile d'olive
2 cuillères à café de jus de citron
1 gousse d'ail écrasée
2 cuillères à café de menthe coupée fin
sel et poivre

Otez la queue, la base et les feuilles dures du fenouil, puis coupez-le en tranches fines et ensuite en lanières.

Mettez-les dans un saladier avec le concombre, les radis et les quartiers d'orange.

Mélangez les ingrédients de la sauce dans un bol, puis nappez-en la salade, tournez-la délicatement et servez aussitôt.
Pour 4 personnes

Salade mixte ; salade de fenouil

LÉGUMES ET SALADES

Salade de chou-fleur aux anchois

1 chou-fleur séparé en bouquets
sel et poivre
1 1/2 cuillère à soupe de vinaigre de vin
5 cuillères à soupe d'huile d'olive
1 cuillère à soupe de câpres égouttées
1 cuillère à soupe de persil haché
quelques olives noires
1 boîte (50 g) de filets d'anchois, égouttés et coupés

Faites cuire le chou-fleur à l'eau bouillante salée ; il doit être encore ferme (5-6 minutes). Égouttez-le et rincez-le sous l'eau froide.

Dans une jatte mélangez le sel, le poivre, le vinaigre et l'huile. Ajoutez les bouquets de chou-fleur et tournez délicatement. Ajoutez les câpres, le persil et les olives. Disposez les lanières d'anchois en forme de quadrillage et servez aussitôt.

Pour 4 personnes

Pommes de terre à l'oseille

Les feuilles d'oseille rehaussent cette salade et lui confèrent une note acide agréable. A défaut d'oseille, utilisez des épinards ou des pissenlits.

500 g de pommes de terre à chair ferme
sel
2 cuillères à soupe de vinaigrette (page 15)
4 tomates pelées
2 œufs durs, coupés en quartiers
quelques feuilles d'oseille, en lanières
3 cuillères à soupe de mayonnaise (page 21)
3 cuillères à soupe de yaourt nature

Faites cuire les pommes de terre à l'eau bouillante salée, jusqu'à ce qu'elles soient tendres. Égouttez-les bien, détaillez-les et mettez-les dans une jatte. Assaisonnez-les encore chaudes avec la vinaigrette et remuez. Laissez refroidir.

Coupez les tomates en huit quartiers ; jetez les graines. Ajoutez à la salade avec œufs et oseille, et tournez. Dressez sur un plat de service.

Mélangez la mayonnaise et le yaourt. Nappez-en la salade.

Pour 4 personnes

Salade de riz

250 g de riz italien
2 cuillères à café de sel
1 cuillère à soupe de vinaigre de vin
4 cuillères à soupe d'huile d'olive
2 ciboules hachées
1 petit poivron vert en lanières fines
sel et poivre
1/4 de concombre coupé en dés
2 cuillères à soupe de persil haché
feuilles de laitue croustillante

Faites cuire le riz, dans de l'eau salée à ébullition ; quand il est cuit mais encore ferme, rincez-le à l'eau chaude et égouttez-le.

Dans une jatte mélangez le sel, le poivre, le vinaigre, l'huile, la ciboule, le poivron. Ajoutez le riz tiède et tournez l'ensemble. Couvrez et laissez complètement refroidir.

Juste au moment de servir, ajoutez le concombre et le persil. Disposez les feuilles de laitue au fond d'un grand plat creux et disposez au centre la salade de riz. Servez aussitôt.

Pour 4 à 6 personnes

Salade de chou-fleur aux anchois

POISSONS

Que votre goût se porte sur la simple plie ou sur des crustacés, que vous cherchiez une recette nouvelle pour du saumon ou du thon en boîte, ou quelque chose de plus raffiné, vous trouverez toutes les réponses dans ce chapitre. Il y a des plats de poisson à tous les prix et pour toutes les occasions, depuis les en-cas jusqu'aux substantiels plats principaux de vos menus.

Pour un repas simple, essayez une truite dorée à la poêle et décorée d'amandes grillées, ou un pilaf de crevettes avec des oignons, du riz, des tomates et du basilic, ou de la morue revenue rapidement, servie avec des petits pois, du maïs et du bacon, et rendue plus savoureuse avec du vin blanc, de la sauce soja et du bouillon.

Pour un repas plus sophistiqué, servez en entrée des coquilles Saint-Jacques sautées au beurre avec de l'ail et du persil ; ou en plat principal servez un plat épicé de fruits de mer cuits dans une sauce composée de vin, de crème, d'échalotes et de moutarde ; ou encore offrez à vos invités un plat de l'Inde, un curry de fruits de mer sur un lit de riz.

Rappelez-vous que pour les repas en plein air, le poisson est l'aliment le plus simple à préparer et à cuire sur un barbecue ou un gril : crevettes marinées, maquereaux, merlans, truites, mulets.

Quelle que soit la saison ou l'occasion, sachez qu'à l'achat la fraîcheur du poisson est primordiale : un poisson frais doit avoir l'œil brillant, les branchies humides et rouge vif, les écailles brillantes et bien collées, et une odeur fraîche.

Coquilles Saint-Jacques à la provençale

80 g de beurre
3 gousses d'ail
12 coquilles Saint-Jacques
sel et poivre
2 cuillères à soupe de persil haché

Faites fondre le beurre dans une poêle et faites dorer l'ail ; retirez-le.

Ajouter les coraux et les blancs de Saint-Jacques et faites-les sauter 5 minutes. Salez, poivrez et saupoudrez de persil. Répartissez-les dans des plats individuels et servez aussitôt.
Pour 4 personnes

CI-DESSOUS : *coquilles Saint-Jacques à la provençale ; truites aux amandes*
A DROITE : *moules marinières ; sole Véronique*

Truites aux amandes

4 truites nettoyées
sel et poivre
80 g de beurre
50 g d'amandes effilées
jus de 1 citron
POUR DÉCORER :
rondelles de citron
persil

Salez et poivrez les poissons. Faites fondre le beurre dans une poêle et faites-y dorer les truites 6 minutes de chaque côté ; elles doivent être dorées et cuites. Disposez-les sur un plat de service et tenez-les au chaud.

Faites dorer les amandes dans la poêle, ajoutez le jus de citron et versez sur les truites. Décorez avec le citron et le persil. Servez aussitôt.
Pour 4 personnes

POISSONS

Moules marinières

50 g de beurre ramolli
6 échalotes hachées fin
1 bouquet garni (persil, thym, laurier)
50 cl de vin blanc sec
sel et poivre
3,5 l de moules grattées et nettoyées
persil haché pour décorer

Faites fondre la moitié du beurre dans une casserole et faites-y revenir doucement les échalotes. Ajoutez le bouquet garni, le vin, salez et poivrez.

Portez à ébullition, ajoutez les moules, couvrez et laissez cuire 5 minutes jusqu'à ce qu'elles s'ouvrent ; jetez celles qui restent fermées. Retirez les moules avec une écumoire, mettez-les dans un plat de service et tenez-les au chaud.

Faites réduire la sauce de moitié. Retirez le bouquet garni et passez.

Versez la sauce sur les moules et saupoudrez de persil.
Pour 6 personnes

Sole Véronique

750 g de filets de sole
2 échalotes hachées
1 branche de persil
1 feuille de laurier
15 cl de vin blanc sec
1 cuillère à soupe de jus de citron
sel et poivre
15 g de beurre
2 cuillères à soupe de farine
4-5 cuillères à soupe de lait
1 cuillère à soupe de crème fraîche
180 g de raisins pelés, coupés en deux et épépinés

Pliez les filets de sole en deux et disposez-les dans un plat à four beurré. Répartissez dessus les échalotes, le persil, le laurier, le vin, le jus de citron, salez et poivrez. Ajoutez juste assez d'eau pour que le poisson soit couvert.

Faites cuire 15 à 20 minutes au four (180°) ; le poisson doit être tendre. Avec une écumoire, transférez le poisson sur un plat de service et tenez-le au chaud. Passez le liquide de cuisson.

Faites fondre le beurre dans une casserole, ajoutez la farine et tournez 1 minute. Incorporez peu à peu le liquide de cuisson et suffisamment de lait, pour obtenir une sauce lisse nappante. Rectifiez l'assaisonnement, puis ajoutez la crème et les raisins.

Versez sur le poisson et servez aussitôt.
Pour 4 personnes

POISSONS

Filets de poisson au vin blanc

Crevettes au xérès

50 g de beurre
1 gousse d'ail écrasée
1 petit oignon haché
sel et poivre
15 cl de xérès
30 cl de crème fraîche
750 g de crevettes cuites décortiquées
POUR DÉCORER :
persil haché
1 crevette cuite non décortiquée

Faites fondre le beurre dans une casserole et faites-y revenir, sans prendre couleur, l'ail et l'oignon. Salez et poivrez, puis versez le xérès. Portez à ébullition et faites réduire presque tout le liquide. Ajoutez la crème et laissez frémir jusqu'à ce que cela épaississe. Rectifiez l'assaisonnement et ajoutez les crevettes.
Disposez-les sur un plat de service chaud, saupoudrez de persil, décorez avec la crevette restante et servez aussitôt.
Pour 6 personnes

Truites au jambon

4 tranches de jambon cru
4 truites préparées
sel et poivre
4 cuillères à soupe d'huile d'olive
2 gousses d'ail émincées
zeste râpé et jus de 1 citron
2 cuillères à soupe de persil haché
POUR DÉCORER :
quartiers de citron

Roulez chaque tranche de jambon et mettez-en une dans chaque truite. Salez et poivrez abondamment.
Faites chauffer l'huile dans une poêle, ajoutez l'ail et faites cuire 2 truites des deux côtés 5 à 8 minutes. Égouttez-les sur du papier absorbant et tenez-les au chaud pendant que vous faites cuire les 2 autres truites. Ajoutez le zeste et le jus de citron, et laissez cuire 1 minute.
Disposez les truites sur un plat de service chaud et nappez-les avec la sauce de la poêle. Saupoudrez de persil haché et décorez de quartiers de citron.
Pour 4 personnes

Filets de poisson au vin blanc

50 g de beurre
2 cuillères à soupe de ciboule hachée
1,25 kg de filets de sole
sel et poivre
1 petit bouquet de persil
45 cl de vin blanc sec
2 cuillères à soupe de farine
125 g de crevettes cuites décortiquées
POUR DÉCORER :
quartiers de citron
quelques crevettes non décortiquées

Faites fondre la moitié du beurre dans une casserole et faites revenir 2 minutes la ciboule.
Roulez les filets de poisson dans un plat à four. Répartissez dessus la ciboule, salez et poivrez. Ajoutez le persil et le vin, couvrez et faites cuire 20 minutes au four (160°) ; le poisson doit être tendre.
Transférez-le sur un plat de service, tenez-le au chaud et mettez de côté le liquide de cuisson.
Mélangez le reste de beurre et la farine pour faire un beurre manié. Passez le liquide de cuisson dans une casserole et portez-le à ébullition. Incorporez-lui peu à peu le beurre manié pour qu'il épaississe. Ajoutez les crevettes, rectifiez l'assaisonnement, puis versez sur le poisson. Décorez avec le citron et les crevettes.
Pour 6 personnes

Brochettes de scampi

500 g de scampi décongelés et essuyés
4 cuillères à soupe d'huile d'olive
50 g de chapelure
1/2 gousse d'ail écrasée
1 cuillère à soupe de persil haché
sel et poivre
quartiers de citron pour servir

Mettez les scampi dans une jatte avec l'huile, la chapelure, l'ail, le persil, salez et poivrez. Mélangez jusqu'à ce qu'ils soient bien nappés, puis couvrez et laissez mariner 30 minutes à température ambiante.

Répartissez-les sur 4 brochettes, puis faites-les cuire 2-3 minutes de chaque côté sous le gril ; ils doivent être bien dorés. Servez aussitôt avec les quartiers de citron.
Pour 4 personnes

Poisson grillé

4 petits maquereaux
sel et poivre
2 branches de romarin, ou 2 feuilles de laurier
4 cuillères à soupe d'huile d'olive
1 1/2 cuillère à soupe de jus de citron
1 petite gousse d'ail écrasée (facultatif)
quartiers de citron pour décorer

Faites 3 incisions sur chaque côté des poissons. Saupoudrez-les de sel et de poivre. Mettez les herbes dans un plat creux et posez dessus les poissons. Mélangez l'huile, le jus de citron, l'ail, puis versez sur les poissons. Couvrez et laissez mariner 3 à 4 heures, en les tournant plusieurs fois.

Posez les poissons sur une grille et faites-les cuire 5 à 6 minutes de chaque côté sous le gril ; ils doivent être cuits et bien dorés. Servez aussitôt avec les quartiers de citron.
Pour 4 personnes

Brochettes de scampi ; poisson grillé

Pilaf de crevettes

50 g de beurre
1 petit oignon haché
1 gousse d'ail écrasée
250 g de riz long grain
20 cl de vin blanc sec
3 brins de safran
60 cl de bouillon de poule
sel et poivre
4 tomates pelées, épépinées et coupées fin
1 cuillère à soupe de coriandre hachée
250 g de crevettes décortiquées
POUR DÉCORER :
feuilles de basilic
quelques crevettes non décortiquées

Faites fondre le beurre dans une casserole et faites-y revenir doucement 5 minutes l'oignon et l'ail. Ajoutez le riz et tournez-le jusqu'à ce qu'il soit bien couvert de beurre. Ajoutez le vin et le safran, portez à ébullition tout en tournant. Laissez cuire jusqu'à ce que la plupart du vin soit évaporé, sans cesser de tourner.

Ajoutez les deux tiers du bouillon, salez et poivrez. Portez à ébullition, couvrez et laissez mijoter 12 minutes, en tournant de temps à autre ; le riz doit être tendre. Ajoutez du bouillon si nécessaire, pour garder le riz humide. Ajoutez les tomates, la coriandre, les crevettes, et laissez cuire 2 minutes.

Disposez le pilaf sur un plat de service chaud. Décorez avec les feuilles de basilic et les crevettes entières. Servez aussitôt.
Pour 6 personnes

Poisson gratiné

4 tranches de cabillaud
sel et poivre
50 g de chapelure
50 g de parmesan râpé
MARINADE :
4 cuillères à soupe d'huile d'olive
1 petite gousse d'ail écrasée
2 tiges de menthe ou de persil hachées fin
1/4 cuillère à café d'origan sec
POUR DÉCORER :
quartiers de citron
feuille de menthe, ou persil

Mélangez les ingrédients de la marinade dans un plat creux. Salez et poivrez le poisson et mettez-le dans la marinade, en le tournant afin qu'il soit bien nappé. Couvrez et mettez 3 à 4 heures au réfrigérateur, en le tournant une fois entre-temps. Égouttez et mettez de côté la marinade.

Mélangez la chapelure et le fromage, et pressez ce mélange sur le poisson.

Passez la marinade au-dessus d'un plat allant au four, puis mettez le poisson. Arrosez-le avec une cuillère de la marinade, afin de bien humecter la surface. Faites cuire 20 à 25 minutes dans un four préchauffé à 190°. Décorez avec des quartiers de citron et des herbes.
Pour 4 personnes

Filets de merlan frits

4 filets de merlan
2 cuillères à soupe de farine
125 g de chapelure
2 cuillères à soupe de persil haché
sel et poivre
1 œuf battu
huile à friture
persil pour décorer

Passez les filets dans la farine. Mélangez la chapelure, le persil, salez et poivrez.

Passez les filets dans l'œuf, puis dans le mélange précédent et faites-les dorer dans l'huile chaude d'une poêle.

Décorez avec du persil et servez avec une sauce tartare.
Pour 4 personnes

A GAUCHE : *pilaf de crevettes*
A DROITE : *truites aux champignons ; sole à l'italienne*

Truites aux champignons

farine
sel et poivre
4 truites vidées
2 cuillères à soupe d'huile
65 g de beurre
3 ciboules (le vert seul), coupées fin
350 g de petits champignons
1 cuillère à soupe de jus de citron
1 cuillère à soupe de persil haché
25 g de chapelure
quartiers de citron

Salez et poivrez la farine, puis passez-y les truites.

Faites chauffer l'huile avec 25 g du beurre dans une grande poêle et faites dorer doucement 6 minutes de chaque côté les truites.

Pendant ce temps, faites fondre le reste de beurre dans une casserole et faites revenir les champignons et la ciboule, puis ajoutez le jus de citron, le persil et un peu de sel. Disposez les truites et les champignons sur un plat de service chaud et tenez au chaud.

Faites dorer rapidement dans le reste de graisse de la poêle la chapelure jusqu'à ce qu'elle soit croustillante, puis parsemez-la sur les poissons et décorez avec les quartiers de citron.

Pour 4 personnes

Sole à l'italienne

4 cuillères à soupe d'huile
1 oignon haché
250 g de tomates pelées et coupées
1 cuillère à café de concentré de tomate
1/2 cuillère à café de basilic frais
sel et poivre
4 petites courgettes en rondelles fines
farine
4 filets de sole ou de plie (180 g chacun)
25 g de beurre
2 cuillères à soupe de parmesan râpé

Faites chauffer la moitié de l'huile dans une poêle et faites revenir doucement l'oignon jusqu'à ce qu'il soit transparent. Ajoutez les tomates, le concentré, le basilic, un peu de sel et poivrez. Laissez mijoter, couvert, 5 minutes. Ajoutez les courgettes et laissez encore mijoter 8 minutes ; elles doivent être juste tendres.

Salez et poivrez la farine et passez-y le poisson. Faites chauffer le reste d'huile avec le beurre dans une poêle et faites dorer les filets de poisson 5 à 6 minutes de chaque côté. Disposez-les dans un plat creux allant au four, recouvrez-les avec les courgettes, saupoudrez de fromage et faites dorer le tout sous le gril. Servez aussitôt.

Pour 4 personnes

Plie à la sauce citron

2 plies, les filets levés
50 g de saumon fumé coupé en 2 tranches
250 g d'épinards cuits
15 g de beurre
15 g de farine
15 cl de lait
2 cuillères à soupe de jus de citron
sel et poivre
quartiers de citron

Prenez 2 filets de plie et posez sur chacun une tranche de saumon, puis recouvrez du reste de plie. Disposez les épinards au fond d'un plat à four beurré et posez dessus les filets de plie.

Faites fondre le beurre dans une casserole, ajoutez et tournez la farine 1 minute, puis incorporez peu à peu le lait et portez à ébullition. Ajoutez le jus de citron, salez, poivrez et versez sur le poisson.

Faites cuire 15 minutes au four (180°) et décorez avec les quartiers de citron.
Pour 2 personnes

Rougets aux endives

350 g d'endives
sel et poivre
25 g de beurre
1 petit oignon émincé
1 échalote émincée
2 cuillères à café de jus de citron
4 petits rougets évidés
aneth pour décorer

Plongez les endives 5 minutes dans l'eau bouillante salée, puis égouttez-les et séparez les feuilles.

Faites fondre le beurre dans une casserole, ajoutez l'oignon, l'échalote, les endives, le jus de citron, salez, poivrez, couvrez et laissez cuire 5 minutes.

Répartissez sur le fond d'un plat à four, posez dessus les rougets, salez, poivrez, couvrez de papier aluminium et faites cuire 20 minutes au four (180°). Décorez avec l'aneth.
Pour 4 personnes
Variante : remplacez les endives par du fenouil.

POISSONS

Cabillaud nouvelle cuisine

250 g de rhubarbe en morceaux de 1 cm
1 cuillère à soupe de sucre
5 cuillères à soupe de vin blanc sec
2 tranches de cabillaud
sel et poivre
feuilles de menthe

Mettez la rhubarbe et le sucre dans une cocotte, versez le vin, posez dessus le poisson, salez, poivrez. Faites cuire 15 à 20 minutes au four (200°). Décorez avec la menthe et accompagnez de pommes de terre à la crème.

Pour 2 personnes

Note : si vous préparez ce plat pour 4 personnes, ajoutez simplement 2 tranches de poisson.

Tagliatelles aux harengs fumés

250 g de tagliatelles vertes
1 cuillère à soupe d'huile
50 g de champignons émincés
250 g de ricotta
350 g de harengs fumés
POUR DÉCORER :
1 cuillère à soupe de persil haché

Faites cuire les tagliatelles. Pendant ce temps faites chauffer l'huile dans une poêle, ajoutez les champignons et laissez-les revenir 3 minutes. Ajoutez le fromage et laissez-le fondre doucement, sans bouillir.

Égouttez les tagliatelles, ajoutez-les à la poêle et incorporez le poisson.

Décorez de persil et servez aussitôt.

Pour 4 personnes

Poisson à l'orientale

1/4 cuillère à café de gingembre en poudre
2 cuillères à café de maïzena
500 g de cabillaud coupé en petits morceaux
1 cuillère à soupe d'huile
SAUCE :
1 boîte (230 g) de tomates, égouttées et hachées
1 cuillère à soupe de sauce soja
1 cuillère à soupe de concentré de tomates
2 cuillères à café de maïzena
5 cuillères à soupe d'eau
2 cuillères à soupe de vin blanc
1 cuillère à café de sucre
persil haché pour décorer

Mélangez le gingembre avec la maïzena et répartissez sur le poisson. Faites chauffer l'huile dans une poêle et faites revenir en tournant le poisson. Retirez-le de la poêle avec une écumoire et tenez-le au chaud.

Essuyez la poêle avec du papier absorbant, baissez le feu et mettez les tomates et la sauce soja. Mélangez dans une jatte le reste des ingrédients et versez dans la poêle, puis laissez cuire en tournant jusqu'à ce que cela épaississe. Ajoutez le poisson et laissez-le chauffer quelques secondes.

Ajoutez le persil et servez aussitôt, accompagné de riz.

Pour 4 personnes

A GAUCHE : *plie à la sauce citron ; rougets aux endives*
A DROITE : *poisson à l'orientale*

POISSONS

Raie en papillotes

3 cuillères à soupe d'huile
2 carottes en allumettes
3 branches de céleri en rondelles
1/2 fenouil émincé
8 ciboules émincées dans la longueur
1 courgette émincée dans la longueur
1 cuillère à soupe de sauce soja
1 cuillère à soupe de vin blanc sec
sel et poivre
4 petites ailes de raie

Faites chauffer 1 cuillère à soupe d'huile dans une poêle, ajoutez et tournez les légumes 3 minutes. Ajoutez la sauce soja, le vin, salez, poivrez et laissez frémir 2 minutes. Mettez de côté.

Faites chauffer le reste d'huile dans une autre poêle et faites revenir rapidement les ailes de raie 2 minutes de chaque côté.

Posez chaque aile sur une grande feuille de papier aluminium, couvrez de légumes et repliez le papier pour obtenir une papillote. Faites cuire 15 à 20 minutes au four (200°).
Pour 4 personnes

Crevettes au gingembre

8 ciboules hachées
5 cm de gingembre frais haché
2 cuillères à soupe de vin blanc sec
2 cuillères à soupe de sauce soja
15 cl de bouillon de poule
sel et poivre
10 crevettes bouquet ou 500 g de petites crevettes, décortiquées

Mettez tous les ingrédients, sauf les crevettes, dans une casserole, salez, poivrez, portez à ébullition et laissez frémir 2 minutes. Ajoutez les crevettes, couvrez et laissez cuire 3 minutes. Servez aussitôt avec du riz ou des pâtes.
Pour 4 personnes

Rougets en feuille de vigne

6 feuilles de vigne
2 rougets de 250 g chacun, écaillés et lavés
huile
FARCE :
1 grosse tomate hachée
2 filets d'anchois hachés
2 cuillères à soupe de persil haché
1 cuillère à soupe de basilic haché
1 gousse d'ail écrasée
sel et poivre
POUR DÉCORER :
4 anchois
2 olives noires

Mélangez les ingrédients de la farce et étalez celle-ci sur 2 feuilles de vigne.

Répartissez les feuilles de vigne en deux groupes de trois, se chevauchant, celles couvertes de farce au centre. Posez dessus les poissons et repliez les feuilles de vigne. Mettez-les dans un plat à four, badigeonnez-les d'huile et faites cuire 15 minutes au four (200°).

Disposez-les sur un plat de service chaud, et décorez avec les anchois et les olives.
Pour 2 personnes

(Illustration p. 46)

Crevettes au gingembre

POISSONS

Gratin de poisson

750 g de flétan
30 cl de lait
1 bouquet garni
sel et poivre
1 pied de céleri coupé en petits morceaux de 1 cm
1 petit bulbe de fenouil coupé en cubes
2 poireaux émincés
1 carotte émincée
1 cuillère à café de zeste de citron râpé
1 cuillère à soupe de jus de citron
15 cl d'eau
40 g de beurre
40 g de farine
3 cuillères à soupe de fromage frais ou de yaourt grec
2 cuillères à soupe de persil haché
1 cuillère à café de feuilles de fenouil hachées
POUR TERMINER :
50 g de beurre
125 g de farine
75 g de gruyère râpé
1/2 cuillère à café de cayenne

Mettez le poisson dans une casserole avec le lait, le bouquet garni, salez, poivrez et laissez frémir 10-15 minutes. Mettez de côté le liquide de cuisson. Nettoyez le poisson et émiettez-le en gros morceaux.

Mettez les légumes dans une casserole avec le zeste et le jus de citron, l'eau ; portez à ébullition, couvrez et laissez frémir 5 minutes. Égouttez et mettez de côté le jus de cuisson.

Faites fondre le beurre dans une casserole, ajoutez la farine et tournez 1 minute. Incorporez peu à peu les liquides de cuisson et laissez bouillir 1 minute en tournant. Retirez du feu, incorporez le fromage frais, le persil, les feuilles de fenouil, le poisson et les légumes. Versez dans un plat.

Travaillez le beurre et la farine jusqu'à ce que cela soit grumeleux, puis ajoutez le fromage, le piment, et répartissez sur le plat. Faites cuire 20 minutes au four (200°).
Pour 4 à 6 personnes

Saumon rapide

1 cuillère à soupe d'huile de tournesol
1 oignon haché
500 g de pommes de terre cuites en dés
1 boîte (450 g) de saumon émietté
2 cuillères à soupe de persil haché
125 g de petits pois cuits
poivre

Faites chauffer l'huile dans une poêle, ajoutez et faites revenir l'oignon. Ajoutez les pommes de terre et tournez 5 minutes.

Incorporez le saumon, le persil, les petits pois, poivrez et laissez revenir doucement 5 minutes. Vous pouvez décorer avec du persil et du citron.
Pour 4 personnes

Saumon rapide

POISSONS

Pizza à la sardine

Pizza à la sardine

150 g de pâte à pizza
120 g de sardines à l'huile égouttées et écrasées
1 boîte (400 g) de tomates égouttées et hachées
1/2 cuillère à café d'origan
sel et poivre
1 poivron vert évidé et émincé
50 g de champignons de Paris émincés
125 g de mozzarella en rondelles
1 boîte (50 g) de filets d'anchois égouttés
6 olives noires

Étalez la pâte en un cercle de 18 cm de diamètre et posez-la sur une plaque à pâtisserie.

Mélangez dans une jatte les sardines écrasées, les tomates, l'origan, salez, poivrez. Étalez ce mélange sur la pâte et répartissez dessus le poivron, les champignons, puis couvrez avec la mozzarella. Décorez avec les anchois et les olives.

Faites cuire 20 à 25 minutes au four (200°). Servez avec une salade verte.

Pour 4 à 6 personnes

Variante : remplacez les sardines par du thon.

Truites en papillote

2 cuillères à soupe de jus de citron
3 cuillères à soupe de persil, thym et ciboulette hachés
1 échalote hachée menu
25 g de beurre ramolli
sel et poivre
4 truites nettoyées
4 tranches de lard découennées
4 rondelles de citron
4 brins de romarin

Mélangez le jus de citron, les herbes, l'échalote et le beurre ; salez et poivrez. Divisez cette préparation en quatre et farcissez-en les truites. Maintenez avec un bâtonnet en bois ou cousez les bords.

Enveloppez chaque truite dans une tranche de lard. Placez-la sur une feuille de papier d'aluminium, avec une rondelle de citron et un brin de romarin, et fermez bien la papillote. Faites cuire 10 minutes de chaque côté sur un gril à chaleur moyenne, ou sur la grille d'un barbecue posée à 10 cm des braises.

Servez dans la papillote avec des pommes de terre en robe des champs et de la salade verte.

Pour 4 personnes

Haddock sauce Mornay

4 petits filets de haddock
45 cl de lait
1 bouquet garni
4 œufs
40 g de beurre
40 g de farine
80 g de gruyère râpé
poivre
persil pour décorer

Mettez le haddock dans une casserole avec le lait et le bouquet garni. Faites-le cuire à feu très doux 10 minutes. A l'aide d'une écumoire, disposez-le sur un plat de service et tenez-le au chaud. Passez le lait et mettez-le de côté.

Faites pocher les œufs à l'eau bouillante, 4 à 5 minutes. Pendant ce temps faites fondre le beurre dans une casserole, ajoutez-lui la farine et laissez cuire 2 minutes tout en tournant. Incorporez peu à peu le lait. Quand la sauce a épaissi, ajoutez les deux tiers du fromage.

Disposez les œufs pochés sur le poisson. Nappez-les de sauce, saupoudrez avec le reste de fromage et poivrez. Passez le plat sous le gril jusqu'à ce qu'il soit bien doré. Décorez avec le persil et servez aussitôt.

Pour 4 personnes

Gratin à la marinière

45 cl de lait
1 feuille de laurier
2 rondelles de citron
sel et poivre
500 g de filets de merlan
50 g de beurre
125 g de petits champignons de Paris coupés en quatre
40 g de farine
3 cuillères à soupe de yaourt
2 cuillères à soupe de persil haché
2 œufs durs hachés
500 g de pommes de terre cuites, en rondelles
50 g de gruyère râpé
POUR DÉCORER :
rondelles de citron
brins de persil

Dans une casserole faites bouillir le lait avec le laurier, les rondelles de citron, le sel, le poivre. Ajoutez le poisson et laissez frémir 15 minutes. Retirez le poisson avec une écumoire et passez le liquide. Émiettez le poisson.

Faites fondre le beurre dans une casserole, ajoutez et faites revenir les champignons 2 minutes. Ajoutez et tournez la farine 1 minute, puis incorporez peu à peu le liquide de cuisson et portez à ébullition.

Retirez du feu et incorporez le poisson, le yaourt, le persil et les œufs. Rectifiez l'assaisonnement et versez dans un plat à gratin. Répartissez dessus les rondelles de pomme de terre, puis saupoudrez de fromage.

Faites cuire 10 à 15 minutes au four (180°). Décorez avec le citron et le persil.

Pour 4 personnes

Lotte à l'orientale

125 g de noix de coco râpée
30 cl d'eau bouillante
750 g de lotte
1 cuillère à soupe d'huile
6 ciboules hachées
1 piment vert haché
1 poivron rouge haché
1 gousse d'ail écrasée
5 cm de gingembre frais, pelé et haché
1/2 cuillère à café de cumin moulu
1/2 cuillère à café de coriandre moulue
1 cuillère à soupe de jus de citron
1 cuillère à soupe de cognac
sel et poivre
POUR DÉCORER :
rondelles de citron
feuilles de coriandre

Mettez la noix de coco dans une jatte, versez dessus l'eau bouillante et laissez infuser 30 minutes. Passez le liquide et jetez la noix de coco.

Pendant ce temps, coupez le poisson en cubes de 5 cm. Faites chauffer l'huile dans une grande poêle, ajoutez le reste des ingrédients, salez, poivrez. Ajoutez le poisson, versez le liquide passé, portez à ébullition et laissez frémir 5 minutes.

Disposez sur un plat de service chaud et décorez avec le citron et la coriandre ; accompagnez de riz.

Pour 4 personnes

Gratin à la marinière ; lotte à l'orientale

POISSONS

Délicieux au saumon

2 boîtes de 200 g de saumon, écrasé en purée
250 g de gruyère râpé
4 cuillères à soupe de yaourt nature
4 cuillères à soupe de jus de citron
sel et poivre
paprika
4 œufs battus
4 tranches de pain, grillées et beurrées
quartiers de citron pour servir

Mélangez le saumon et le fromage. Incorporez le yaourt et le jus de citron.

Salez, poivrez et ajoutez le paprika. Battez jusqu'à ce que le mélange soit homogène, puis incorporez les œufs.

Mettez le pain grillé dans un plat à four et répartissez dessus le mélange de saumon. Passez 10 minutes sous le gril ; cela doit être bien doré. Disposez autour les quartiers de citron et servez aussitôt.
Pour 4 personnes

Sole grillée aux crevettes

4 filets de sole
jus de 1 citron
25 g de beurre
SAUCE :
250 g de crevettes décortiquées
25 g de beurre
zeste râpé et jus de 1 citron
2 cuillères à soupe de persil et ciboulette hachés
sel et poivre
POUR GARNIR :
quelques crevettes entières cuites
rondelles de citron

Arrosez le poisson de jus de citron, parsemez de beurre et faites cuire 2 à 3 minutes de chaque côté sous le gril.

Entre-temps, confectionnez la sauce. Dans une poêle, faites chauffer à feu doux les crevettes, le beurre, le zeste, le jus de citron et les herbes, avec du sel et du poivre.

Roulez les filets de sole et disposez-les sur des assiettes. Nappez de sauce. Garnissez de crevettes et de rondelles de citron, et servez immédiatement.
Pour 4 personnes

Beignets de scampi

350 g de scampi crus
3 cuillères à soupe de farine
huile à friture
50 g de noix de coco râpée
PÂTE :
125 g de farine
1 pincée de sel
2 cuillères à café d'huile
7-8 cuillères à soupe d'eau tiède
2 blancs d'œufs
POUR DÉCORER :
feuilles de coriandre
rondelles de citron

Pour la pâte, tamisez la farine et le sel dans une jatte, puis incorporez en battant l'huile et l'eau.

Juste avant utilisation, incorporez les blancs d'œufs battus en neige très ferme.

Passez les scampi dans la farine, puis plongez-les dans la pâte avant de les jeter dans la friture ; laissez cuire 5-7 minutes. Égouttez-les sur du papier absorbant, puis passez-les dans la noix de coco.

Décorez avec la coriandre et le citron.
Pour 4 personnes

Beignets de scampi

Filets de sole aux courgettes

50 g de beurre
350 g de petites courgettes émincées
sel et poivre
1 grosse tomate pelée, épépinée et hachée
4 filets de sole
2 cuillères à soupe de jus de citron
1 cuillère à soupe de basilic haché
1 cuillère à soupe de chapelure
feuilles de basilic pour décorer

Faites fondre la moitié du beurre dans une casserole, ajoutez les courgettes, salez, poivrez et faites revenir 3 minutes.

Ajoutez la tomate et tournez 3 minutes.

Posez les filets de sole dans un plat à four, parsemez du beurre restant, salez, poivrez, et répartissez le jus de citron et le basilic.

Répartissez le contenu de la casserole et la chapelure. Faites cuire 15 minutes au four (200°). Décorez avec le basilic avant de servir.
Pour 2 à 4 personnes

Haddock au jambon

350 g de haddock
40 g de beurre
4 tranches fines de jambon de Paris
persil pour décorer

Coupez le haddock en 4 parts que vous pocherez 5 minutes à l'eau bouillante. Égouttez-les.

Faites fondre le beurre dans une poêle et faites revenir doucement le jambon. Posez sur chaque tranche de jambon un morceau de haddock, couvrez et laissez cuire 5 minutes.

Disposez sur un plat de service chaud et décorez avec le persil.
Pour 4 personnes
Variante : répartissez sur le poisson 3 cuillères à soupe de crème fraîche et passez 2 minutes sous le gril avant de servir.

Filets aux champignons

25 g de farine
sel et poivre
6 filets de Saint-Pierre
175 g de beurre
350 g de champignons de Paris émincés
1 gousse d'ail écrasée
8 cuillères à soupe de crème fraîche
1 cuillère à café de jus de citron
POUR DÉCORER :
persil
rondelles de citron

Passez le poisson dans la farine salée et poivrée. Faites fondre 125 g de beurre dans une petite casserole, portez à ébullition, puis passez-le à travers une mousseline au-dessus d'une poêle. Ajoutez le poisson et faites-le revenir 3 minutes de chaque côté, tenez-le au chaud.

Faites fondre le reste de beurre dans une autre poêle, ajoutez les champignons, l'ail, couvrez et laissez frémir 8 minutes. Incorporez la crème, le jus de citron, salez, poivrez.

Disposez le poisson sur un plat de service chaud et nappez-le de sauce aux champignons. Décorez.
Pour 6 personnes

Filets aux champignons

Curry de fruits de mer

2 cuillères à soupe d'huile d'olive
2 oignons hachés
1/2 poivron rouge épépiné et haché
2 branches de céleri coupées fin
50 g de champignons de Paris émincés
2 cuillères à soupe de curry en poudre
1 pomme pelée, évidée, en dés
250 g de filets d'églefin
125 g de crevettes
50 g de raisins secs
1 cuillère à café de sauce Worcester
2 cuillères à café de concentré de tomates
10 cl de vin blanc sec
5 cl d'eau
sel et poivre
2 cuillères à soupe de yaourt nature
le jus de 1/2 citron

Faites chauffer l'huile dans une cocotte et faites revenir doucement, 5 minutes, les oignons, le poivron, le céleri et les champignons. Ajoutez le curry et laissez cuire 2 minutes, tout en tournant.

Ajoutez la pomme, le poisson, les crevettes, les raisins, la sauce Worcester, le concentré de tomates et mélangez bien. Incorporez le vin blanc, l'eau, salez et poivrez. Couvrez et laissez mijoter 10 minutes.

Juste avant de servir, incorporez le yaourt et le jus de citron. Accompagnez de riz nature.
Pour 4 personnes

Poisson au vert

500 g de filets de cabillaud
15 cl de vin blanc sec
1 bouquet garni
sel et poivre
250 g de crevettes roses décortiquées
250 g d'épinards cuits
1 gousse d'ail
4 ciboules
1 cuillère à soupe d'huile
1 cuillère à soupe de jus de citron
6 cuillères à soupe de mayonnaise (page 21)
4 cuillères à soupe de crème fraîche
POUR GARNIR :
cerfeuil haché

Mettez le cabillaud dans une sauteuse avec le vin et le bouquet garni ; salez et poivrez. Portez à ébullition et laissez pocher 7 à 10 minutes, jusqu'à cuisson complète. Égouttez le poisson et effeuillez-le. Mélangez aux crevettes.

Travaillez les épinards, l'ail et la ciboule au mixeur pour obtenir un mélange homogène. Ajoutez l'huile, le jus de citron, la mayonnaise et la crème ; mélangez à nouveau. La sauce doit être ferme ; si elle est trop épaisse, allongez-la de crème ou de jus de citron. Incorporez le poisson.

Répartissez sur des assiettes ; parsemez de cerfeuil.
Pour 4 personnes

Cabillaud sauce Mornay

30 cl d'eau bouillante
1 bouquet garni
1 oignon haché gros
4 filets de cabillaud
50 g de chips écrasées
persil pour décorer
SAUCE MORNAY :
40 g de beurre
40 g de farine
50 cl de lait
70 g de comté râpé
sel et poivre

Mettez dans une casserole l'eau, le bouquet garni, l'oignon, le cabillaud, et laissez cuire 10 à 15 minutes.

Pour la sauce, faites fondre le beurre dans une casserole, ajoutez la farine en pluie. Laissez cuire, en tournant, 1 ou 2 minutes. A feu vif, incorporez progressivement le lait, puis le fromage. Salez peu et poivrez.

Sortez le poisson de sa casserole et mettez-le dans un plat creux. Recouvrez-le de sauce et parsemez de chips.

Passez 2-3 minutes sous le gril et décorez avec le persil.
Pour 4 à 6 personnes

POISSONS

Truites au four

50 g de beurre
4 truites lavées
1 citron coupé en rondelles
5 cuillères à soupe de vin blanc sec
1 cuillère à café d'estragon sec
sel et poivre
persil pour décorer

Disposez du papier aluminium dans un plat à four, en le laissant suffisamment dépasser pour pouvoir le refermer. Étalez du beurre dessus et disposez-y les truites et les rondelles de citron.

Mélangez le vin, l'estragon, salez, poivrez et versez sur le poisson.

Repliez le papier aluminium en fermant bien les bords. Faites cuire 30 minutes au four (180°).

Disposez les truites sur un plat de service chaud, versez dessus la sauce et décorez avec du persil.
Pour 4 personnes

Gratin au thon

400 g de thon au naturel, égoutté et émietté
1 boîte (300 g) de grains de maïs égouttés
100 g de petits pois congelés
300 g de potage au poulet en boîte
1 boîte (400 g) de tomates, égouttées
80 g de gruyère râpé
1 sachet (70 g) de pommes chips écrasées

Mélangez le thon, le maïs, les petits pois et le consommé. Mettez le mélange dans une cocotte beurrée et répartissez dessus les tomates.

Mélangez le fromage et les chips, et saupoudrez-en les tomates. Faites cuire 30 minutes au four (190°) ; le dessus doit être doré.

Servez aussitôt.
Pour 4 personnes

Cabillaud sauce câpres

4 filets de cabillaud
sel et poivre
15 cl de vin blanc sec
1/2 citron coupé en rondelles
6 cuillères à soupe de mayonnaise (page 21)
4 cuillères à soupe de jus de citron
50 g de câpres hachées

Disposez le poisson dans une poêle, salez-le et poivrez-le. Ajoutez le vin, les rondelles de citron, couvrez et laissez mijoter 20 minutes.

Otez le poisson de la poêle, laissez-le refroidir ; conservez 2 cuillères à soupe de jus de cuisson.

Mélangez la mayonnaise, le jus de citron et le jus de cuisson. Incorporez les câpres.

Disposez le poisson sur un plat de service et versez la sauce dessus.
Pour 4 personnes

A GAUCHE : *curry de fruits de mer*
A DROITE : *cabillaud sauce câpres*

POISSONS

Plie à l'orange

4 plies, sans la peau, séparées en filets
le zeste râpé et le jus de 2 oranges
le jus de 1 citron
sel et poivre
15 cl de mayonnaise (page 21)
POUR DÉCORER :
filets d'anchois
quartiers d'orange

Versez sur le poisson le zeste et le jus d'une orange, le jus de citron, salez et poivrez. Roulez les filets sur eux-mêmes et posez-les dans un plat à four beurré. Couvrez et laissez cuire 20 minutes au four (180°) ; les filets doivent être juste tendres. Laissez refroidir.

Incorporez le reste de zeste et de jus d'orange à la mayonnaise.

Disposez le poisson sur un plat de service, versez dessus la mayonnaise et décorez avec les filets d'anchois et les quartiers d'orange. Servez froid.
Pour 4 personnes

Salade de fèves

300 g de thon au naturel, égoutté et émietté
1 boîte (400 g) de fèves égouttées
4 cuillères à soupe de vinaigrette (page 15)
câpres hachées pour décorer

Mélangez le thon et les fèves dans une jatte. Versez dessus la vinaigrette et tournez.

Disposez la salade sur un plat de service et décorez avec les câpres.
Pour 4 personnes
Note : à défaut de fèves en boîte, utilisez des fèves fraîches ou de gros haricots en grains.

Salade de saumon

3 cuillères à soupe de mayonnaise (page 21)
6 cuillères à soupe de jus de citron
2 boîtes de 200 g de saumon rose
2 pommes épluchées et coupées en dés
170 g de cacahuètes salées hachées
sel et poivre
1 laitue

Mélangez la mayonnaise et le jus de citron dans une jatte. Égouttez le saumon et émiettez-le dans la jatte. Ajoutez les pommes, les cacahuètes, salez et poivrez. Mélangez.

Disposez les feuilles de laitue sur un plat de service et posez au centre le saumon.
Pour 4 personnes

A GAUCHE : *plie à l'orange ; salade de saumon*
A DROITE : *paella minute ; risotto aux crevettes*

POISSONS

Paella minute

4 petits calmars
50 g de lard fumé découenné
150 g de chorizo
4 cuillères à soupe d'huile
3 gousses d'ail émincées
250 g de riz long grain
4 tomates pelées, épépinées et concassées
15 cl de vin blanc sec
15 cl de bouillon de poule
sel et poivre
1 poivron rouge épépiné et haché
safran en brins
1 boîte de cœurs d'artichauts (400 g)
12 moules en boîte
125 g de crevettes décortiquées
rondelles de citron

Retirez la tête et la poche d'encre des calmars. Émincez la chair et réservez. Coupez le lard en dés et le chorizo en rondelles.

Faites chauffer l'huile dans une grande poêle. Faites-y fondre l'ail, ajoutez le lard et laissez revenir 5 minutes.

Versez le riz, les tomates, le vin et le bouillon ; salez et poivrez. Portez à ébullition, laissez frémir 5 minutes, puis ajoutez poivron, chorizo, quelques brins de safran et les calmars. Laissez cuire 10 à 12 minutes, jusqu'à ce que le riz soit tendre.

Égouttez les artichauts et ajoutez-les à la paella, coupés en 4, avec les moules et les crevettes ; faites cuire 5 minutes.

Garnissez de citron. Servez immédiatement.

Pour 4 à 6 personnes

Risotto aux crevettes

4 cèpes séchés
2 gousses d'ail
1 gros oignon
1 cuillère à soupe d'huile
15 g de beurre
175 g de riz italien, ou à grains ronds
jus de 1/2 citron
1 grosse pincée de thym
1 cuillère à soupe de persil haché
sel et poivre
30 cl de vin blanc sec
30 cl de bouillon de poisson ou de poule
1 cuillère à soupe de concentré de tomates
250 g de crevettes décortiquées
4 grosses crevettes cuites pour garnir

Faites tremper les cèpes 15 minutes à l'eau chaude ; pressez-les bien. Émincez-les.

Hachez fin l'ail et l'oignon. Faites chauffer l'huile et le beurre dans une poêle. Faites-y dorer l'ail et l'oignon. Ajoutez les champignons et le riz ; laissez cuire 1 minute.

Mettez le jus de citron et les herbes ; salez et poivrez. Mélangez bien. Versez le vin et le bouillon. Portez à ébullition et faites cuire 12 à 15 minutes, à découvert, jusqu'à ce que le riz soit ferme, mais cuit. Ajoutez le concentré de tomates et faites réduire l'excès de liquide à feu vif. Mettez les crevettes. Servez le risotto immédiatement, garni de crevettes entières.

Pour 4 personnes

Omelette soufflée au haddock

50 g. de beurre
2 filets de haddock, cuits et émiettés
5 cuillères à soupe de crème fraîche
4 cuillères à soupe de gruyère râpé
sel et poivre
6 œufs, blancs et jaunes séparés
persil pour décorer

Faites fondre la moitié du beurre dans une casserole, faites-y revenir le haddock, ajoutez la crème, puis la moitié du fromage.

Retirez du feu, salez et poivrez, puis incorporez les jaunes d'œufs. Battez les blancs en neige très ferme et incorporez-les délicatement au mélange.

Faites fondre le reste du beurre dans une poêle ; quand il grésille, versez-y le mélange et laissez cuire doucement 2 à 3 minutes, en ramenant les bords vers le centre.

Disposez l'omelette sur un plat de service chaud, saupoudrez-la avec le reste de fromage et décorez avec du persil ; servez aussitôt.

Pour 4 personnes

Fruits de mer au vin blanc

15 g de beurre
2 échalotes hachées
15 cl de vin blanc sec
2 cuillères à soupe de madère
1 cuillère à café de moutarde
1 pincée de cayenne
15 cl de crème fraîche
350 g de chair de crabe
250 g de crevettes décortiquées
sel et poivre
2-3 cuillères à soupe de comté râpé

Dans une poêle avec le beurre fondu, faites fondre les échalotes jusqu'à ce qu'elles soient transparentes. Versez le vin et le madère, portez à ébullition et laissez cuire à feu vif jusqu'à ce que la sauce ait réduit de moitié.

Ajoutez la moutarde, le cayenne et laissez cuire 2 minutes. Enrichissez de crème et prolongez la cuisson 5 à 7 minutes, en tournant de temps en temps, pour que la préparation épaississe.

Retirez du feu, mettez les fruits de mer et assaisonnez.

Parsemez de fromage. Servez immédiatement, garni de citron vert et d'herbes. Accompagnez de riz ou de pommes de terre nouvelles, avec une salade.

Pour 4 personnes

Crevettes à la créole

1 cuillère à soupe d'huile
1 gros oignon haché
1 gousse d'ail pilée
2 branches de céleri émincées
350 g de tomates pelées, épépinées et hachées
1 poivron vert épépiné et haché
sel et poivre
4 cuillères à soupe de vin blanc sec
1 cuillère à soupe de concentré de tomates
500 g de crevettes décortiquées
1 pincée de cayenne
1 cuillère à café de sauce Worcestershire
1 cuillère à soupe de persil haché
POUR DÉCORER :
rondelles de citron
feuilles de céleri
(facultatif)

Dans une poêle avec l'huile chaude, faites blondir l'oignon et l'ail. Ajoutez le céleri ; laissez cuire 2 minutes.

Ajoutez tomates et poivron au contenu de la poêle ; salez et poivrez. Aromatisez avec le vin et le concentré. Portez à ébullition, puis laissez frémir 20 minutes à découvert.

Ajoutez les crevettes, le cayenne et la sauce Worcestershire. Au bout de 5 minutes, parsemez de persil. Servez immédiatement, garni de rondelles de citron et de feuilles de céleri. Servez avec du riz ou des pâtes, et une salade verte.

Pour 6 personnes

Crevettes à la créole

POISSONS 67

Poisson aux poivrons

1 cuillère à soupe d'huile
3 ciboules hachées, la partie verte comprise
2 poivrons, vert et rouge, évidés, épépinés et émincés
1 boîte (400 g) de tomates hachées
1/2 cuillère à café de sucre
4-6 filets de cabillaud décongelés
jus de 1 citron
sel et poivre
1 cuillère à soupe de persil haché

Faites chauffer l'huile dans une cocotte et faites fondre les ciboules 1 minute en tournant. Ajoutez les poivrons et tournez 3 minutes.

Ajoutez les tomates et leur jus, le sucre ; portez à ébullition. Laissez frémir 5 minutes, puis répartissez les filets de poisson. Versez le citron, salez, poivrez et saupoudrez de persil.

Couvrez et faites cuire 15 à 20 minutes au four (180°), selon l'épaisseur du poisson.
Pour 4 à 6 personnes

Poisson au citron vert

4-6 filets d'églefin frais ou décongelés
zeste râpé et jus de 1 citron vert
sel et poivre
15-25 g de beurre fondu
POUR DÉCORER :
branches de cresson
rondelles de citron vert

Posez les filets de poisson dans un plat à four creux légèrement beurré. Répartissez dessus le zeste de citron, salez et poivrez. Versez le jus de citron et badigeonnez chaque filet d'un peu de beurre.

Faites cuire au four (190°) 15 à 20 minutes, selon la grosseur des filets.

Décorez chaque filet de cresson et de rondelles de citron. Accompagnez de riz, haricots verts et brocolis, ou de petits pois et tomates grillées.
Pour 4 à 6 personnes

Poisson aux poivrons ; poisson au citron vert

Plie au concombre

4 filets de plie frais ou décongelés
25 g de beurre fondu
sel et poivre
1 cuillère à soupe d'huile
2 ciboules hachées, la partie verte comprise
50 g de champignons de Paris hachés
1/2 concombre coupé en quatre dans la longueur, puis en tranches fines
jus de 1 citron
quartiers de citron pour décorer

Mettez le poisson dans un plat, badigeonnez-le de beurre fondu, salez et poivrez ; passez-le sous le gril 3 à 4 minutes, en le retournant une fois.

Faites chauffer l'huile dans une poêle, ajoutez les ciboules et faites-les fondre en tournant 30 secondes. Ajoutez les champignons, tournez 1 minute, puis le concombre, le jus de citron, et laissez chauffer.

Disposez le poisson sur un plat de service chaud avec les légumes et décorez avec les quartiers de citron.
Pour 4 personnes

Maquereaux au vin rouge

125 g de tomates hachées
4 cuillères à soupe de vin rouge
4 cuillères à soupe d'eau
sucre
4-6 maquereaux en filets
sel et poivre
POUR DÉCORER :
rondelles de citron
persil ou cresson

Faites frémir les tomates avec le vin et l'eau 10 minutes, ajoutez un peu de sucre, laissez refroidir 1 minute, puis passez au mixeur. Tenez au chaud pendant la cuisson du poisson.

Pendant ce temps, salez et poivrez les maquereaux et faites-les cuire 5 minutes de chaque côté sous le gril.

Disposez-les sur un plat de service chaud, décorez avec le citron, le persil ou le cresson, et servez aussitôt.
Pour 4 à 6 personnes

Plie au concombre ; maquereaux au vin rouge

VIANDES ET VOLAILLES

Si un plat de viande ou de volaille à préparation rapide signifie pour vous côtelette grillée, steak haché ou poulet rôti, alors plongez-vous vite dans ce chapitre où vous trouverez de délicieuses suggestions. Rapidité n'est pas synonyme de monotonie, comme vous le constaterez en goûtant des côtes de porc grillées accompagnées d'une sauce au cidre, et qu'une goutte de calvados rend plus savoureuse ; du bœuf haché cuit à feu doux avec des oignons, du piment, des tomates et des haricots rouges vous donnera un succulent chili con carne ; des blancs de poulet revenus rapidement avec des noix, des poivrons, des courgettes, des champignons, du gingembre et des mangetout vous permettront de faire un festin à la chinoise.

Ces plats rapides peuvent aussi être peu coûteux, si vous achetez des découpes économiques et des abats comme des rognons de mouton, des foies de volaille, des portions de poulet ou de la charcuterie, comme les divers types de saucisse.

De nombreuses recettes font appel aux herbes aromatiques et aux beurres maniés aux épices pour relever le goût des plats ; il est donc avantageux de préparer une grande quantité de beurre à l'ail, au persil ou au citron, car il se conserve au réfrigérateur jusqu'à 15 jours. D'autres plats peuvent être plus raffinés en ajoutant du madère, du cognac ou de la crème fraîche. Un placard bien rempli de parmesan râpé, de diverses noix, de moutardes, de câpres, de fruits secs, vous sera infiniment précieux pour varier vos plats.

VIANDES ET VOLAILLES

Tournedos Rossini

50 g de beurre
125 g de champignons de Paris émincés
6 petites tranches de foie gras de 2 cm d'épaisseur
4 cuillères à soupe de madère
sel et poivre
1 boîte (400 g) de petits artichauts
6 tournedos de 2 cm d'épaisseur

Faites fondre la moitié du beurre dans une poêle et faites-y dorer doucement les champignons.

Mettez-les dans un plat à four avec le foie gras, versez la moitié du madère, salez, poivrez et posez le plat sur une casserole d'eau chaude. Faites chauffer les artichauts dans une poêle, puis égouttez-les.

Faites fondre le reste de beurre dans la poêle et faites-y cuire les tournedos des deux côtés, salez et poivrez, déglacez avec le reste de madère.

Disposez les tournedos et les artichauts sur un plat de service chaud. Versez dessus les champignons et les sauces, posez une tranche de foie gras sur chaque tournedos et servez aussitôt.

(Illustration p. 2) **Pour 6 personnes**

Steaks au poivre vert

2 cuillères à soupe de poivre vert
4 steaks dans le filet
50 g de beurre
sel
2 cuillères à soupe de cognac
15 cl de crème fraîche
cresson pour décorer

Écrasez les grains de poivre et frottez-en les steaks.

Faites fondre le beurre dans une poêle et faites cuire les steaks des deux côtés selon votre goût. Salez, versez le cognac et flambez. Disposez les steaks sur un plat de service chaud.

Versez la crème dans la poêle et laissez cuire 1 minute en grattant le fond. Versez sur les steaks, décorez avec le cresson et servez aussitôt.

Pour 4 personnes

Entrecôtes à la moutarde

1 kg d'entrecôte en un seul morceau
3 cuillères à soupe de moutarde
50 g de beurre
sel et poivre
30 cl de crème fraîche
3 cuillères à soupe de cognac
cresson pour décorer

Étalez 1 cuillère à soupe de moutarde des deux côtés de la viande, couvrez et laissez reposer 1 heure.

Faites fondre le beurre dans une poêle et faites cuire la viande à feu vif des deux côtés : le temps de cuisson dépend de votre goût. Salez, poivrez. Disposez-la sur un plat de service et tenez-la au chaud.

Mélangez le reste de moutarde et la crème dans la poêle, en grattant bien le fond de celle-ci. Portez à ébullition, puis ajoutez le cognac.

Découpez la viande en tranches épaisses et versez dessus la sauce. Décorez avec du cresson ; servez aussitôt avec des pommes de terre sautées.

Pour 4 à 6 personnes

CI-DESSUS : *steaks au poivre*
A DROITE : *côtes de porc vallée d'Auge ; escalopes de veau à la crème*

VIANDES ET VOLAILLES

Escalopes de veau à la crème

25 g de beurre
1 gousse d'ail écrasée
250 g de champignons émincés
4 escalopes de veau de 150 g
15 cl de madère ou de marsala
15 cl de crème fraîche
sel et poivre

Faites fondre le beurre dans une poêle et faites-y revenir doucement l'ail et les champignons. Retirez-les et mettez-les de côté. Faites cuire dans la poêle les escalopes 3 minutes de chaque côté, versez le madère et laissez cuire encore 3 minutes. Ajoutez la crème et les champignons et laissez épaissir. Salez et poivrez.

Disposez les escalopes sur un plat de service chaud, versez dessus la sauce et les champignons. Servez chaud.

Pour 4 personnes

Côtes de porc vallée d'Auge

4 échalotes hachées
2 cuillères à soupe de persil haché
sel et poivre
4 côtes de porc
25 g de beurre fondu
15 cl de cidre brut
1 cuillère à soupe de calvados
feuilles de sauge pour décorer

Mélangez les échalotes, le persil, le sel, le poivre, et passez les côtes dans ce mélange. Ajoutez le beurre fondu.

Faites cuire environ 15 minutes de chaque côtés sous le gril ; elles doivent être tendres. Transférez-les dans une poêle. Dégraissez le jus de cuisson de la lèche-frite et versez-le sur les côtes.

Ajoutez le cidre, portez à ébullition et laissez réduire un peu. Ajoutez le calvados.

Disposez le tout sur un plat de service chaud et décorez avec la sauge.

Pour 4 personnes

Paupiettes de veau

8 escalopes de veau très fines
8 fines tranches de jambon
25 g de mie de pain ayant trempé dans du lait et pressée
3 cuillères à soupe de raisins secs
25 g de pignons
4 cuillères à soupe de parmesan râpé
2 cuillères à soupe de persil haché
sel et poivre
1 cuillère à soupe d'huile
25 g de beurre
15 cl de vin blanc sec

Aplatissez bien les escalopes, puis posez sur chacune une tranche de jambon.

Mélangez la mie de pain, les raisins, les pignons, le fromage et le persil, salez et poivrez. Répartissez ce mélange sur les escalopes, roulez-les et fixez-les avec une pique à coktail.

Faites chauffer l'huile et le beurre dans une poêle et faites dorer doucement les paupiettes. Versez le vin, couvrez et laissez cuire 20 à 25 minutes, en les tournant une fois ; elles doivent être tendres.

Disposez-les sur un plat de service chaud et tenez-les au chaud. Portez la sauce à ébullition et, en tournant, laissez-la réduire. Nappez-en la viande, décorez avec du persil et servez aussitôt.
Pour 4 personnes

Paupiettes de veau

Rognons sautés

750 g de rognons d'agneau ou de veau
2 cuillères à soupe de vinaigre
2 cuillères à soupe d'huile
25 g de beurre
2 gousses d'ail hachées très fin
2 cuillères à soupe de persil haché
1 cuillère à soupe de jus de citron
sel et poivre
petits triangles de pain revenus dans du beurre

Couvrez les rognons d'eau froide, ajoutez le vinaigre et laissez-les reposer 30 minutes. Égouttez-les, ôtez la partie blanche, puis coupez-les en tranches.

Faites chauffer l'huile et le beurre dans une grande poêle, ajoutez l'ail et les rognons et faites revenir 2 minutes, à feu vif, sans cesser de tourner. Ajoutez le persil, le jus de citron, salez et poivrez. Laissez cuire 2 minutes, tout en tournant, jusqu'à ce que les rognons soient tendres et juteux. Servez aussitôt, décoré avec les tranches de pain.
Pour 4 personnes

Boulettes à la sicilienne

50 g de mie de pain trempée dans du lait, puis pressée
500 g de veau ou de bœuf haché
2 gousses d'ail écrasées
1 cuillère à soupe de persil haché
1 cuillère à café de zeste de citron
25 g de parmesan râpé
noix de muscade râpée
sel et poivre
2 œufs battus
farine
huile pour frire
30 cl de sauce tomate (voir ci-contre)

Mettez dans une jatte la mie, la viande, l'ail, le persil, le zeste de citron, le fromage, la muscade, salez et poivrez. Ajoutez les œufs pour lier le tout. Prenez des cuillères à café du mélange et donnez-leur la forme de boulettes. Passez-les dans la farine, puis mettez-les au réfrigérateur jusqu'au moment de les cuire.

Versez l'huile dans une poêle sur 5 mm de hauteur, et mettez-la sur feu doux. Quand elle est chaude, placez les boulettes dedans et faites-les frire 3-4 minutes, en les tournant de tous côtés. Otez-les et égouttez-les sur du papier absorbant.

Faites chauffer la sauce tomate, en ajoutant un peu d'eau si elle est trop épaisse. Mettez-y les boulettes, remuez doucement et laissez mijoter 15 à 20 minutes.
Pour 4 personnes

VIANDES ET VOLAILLES

Biftecks pizzaiola

4 biftecks
huile d'olive
sel et poivre
sauce tomate (voir ci-dessous)
herbes pour décorer

Badigeonnez les biftecks avec l'huile, salez et poivrez. Huilez légèrement une poêle et mettez-la sur feu doux. Quand elle est chaude, faites revenir 2 minutes de chaque côté les biftecks.

Versez la sauce sur les biftecks et laissez cuire à feu doux 5 à 10 minutes.

Disposez-les sur un plat de service chaud, décorez avec des herbes et servez aussitôt.

Pour 4 personnes

Sauce tomate

1 boîte (400 g) de tomates
1 oignon haché
1 gousse d'ail écrasée
1 carotte en rondelles
1 branche de céleri en rondelles
2 cuillères à café de concentré de tomates
1 cuillère à café de sucre
sel et poivre
2 cuillères à café de basilic coupé fin (facultatif)

Mettez les tomates dans une casserole avec leur jus, l'oignon, l'ail, la carotte, le céleri, le concentré de tomates et le sucre. Ajoutez un peu de sel, poivrez et mélangez avec une cuillère en bois pour écraser les tomates. Portez à ébullition, couvrez en partie et laissez mijoter 30 minutes.

Passez à travers un tamis et remettez dans la casserole. Si nécessaire, portez à ébullition rapidement pour obtenir une sauce épaisse. Rectifiez l'assaisonnement et ajoutez le basilic. Servez avec des pâtes ou un plat de viande.

Pour environ 30 cl de sauce

Porc à la napolitaine

2 cuillères à soupe d'huile
1 gousse d'ail coupée en deux
4 côtes de porc désossées
sel et poivre
1 gros poivron vert, épépiné et émincé
1 boîte (320 g) de tomates pelées
200 g de champignons émincés

Faites chauffer l'huile et l'ail dans une grande poêle. Quand l'ail dore, ôtez-le.

Faites dorer les côtes de chaque côté dans la poêle, salez et poivrez. Couvrez et laissez cuire doucement 15 minutes. Otez-les du feu et tenez-les au chaud.

Mettez dans la poêle le poivron, les tomates et leur jus, en tournant afin d'écraser les tomates. Couvrez et laissez cuire doucement 15 minutes. Ajoutez les champignons, salez, poivrez, puis couvrez et laissez cuire encore 5 minutes.

Remettez les côtes dans la poêle, arrosez-les avec la sauce ; laissez-les jusqu'à ce qu'elles soient bien chaudes. Servez aussitôt.

Pour 4 personnes

Porc à la napolitaine

VIANDES ET VOLAILLES

Blancs de dinde au marsala

500 g de blanc de dinde
farine
sel et poivre
1 cuillère à soupe d'huile
70 g de beurre
125 g de petits champignons émincés
1 cuillère à café de jus de citron
2 cuillères à soupe de parmesan râpé
6 cuillères à soupe de marsala
2 cuillères à soupe de bouillon de poule

Coupez les blancs de dinde en tranches de 5 mm d'épaisseur. Salez et poivrez la farine et passez-y les blancs. Faites chauffer l'huile et 40 g du beurre dans une grande poêle et faites revenir la dinde 4 à 5 minutes de chaque côté jusqu'à ce qu'elle soit tendre. Disposez sur un plat de service chaud et tenez au chaud.

Faites fondre le reste de beurre dans la poêle et faites revenir à feu vif les champignons 3 minutes. Ajoutez le jus de citron, salez et nappez les blancs de cette sauce. Saupoudrez de fromage râpé. Versez le bouillon et le marsala dans la poêle, portez rapidement à ébullition, en tournant, et laissez réduire de moitié. Versez sur la dinde.

Pour 4 personnes
Variante : remplacez les blancs de dinde par des blancs de poulet.

Poulet grillé

Poulet grillé

1 poulet de 1,2 kg, vidé
sel et poivre
MARINADE :
3 cuillères à soupe d'huile d'olive
2 cuillères à soupe de jus de citron
2 gousses d'ail écrasées
6 feuilles de sauge

Coupez le poulet en deux et retirez l'os central. Aplatissez les deux morceaux et piquez chacun sur une brochette, en passant à travers l'aile et la patte. Salez et poivrez.

Mélangez les ingrédients de la marinade dans un plat creux. Ajoutez les moitiés de poulet, tournez-les afin qu'elles en soient bien couvertes, couvrez et laissez 4 heures au réfrigérateur, en les retournant 1 fois entre-temps.

Posez-les, la peau en dessous, sur un plat à four et faites-les cuire 13 à 15 minutes sous le gril, puis retournez-les et faites-les cuire 12 minutes de l'autre côté ; elles doivent être tendres. Arrosez-les avec la marinade.

Disposez-les sur un plat de service, nappées du jus de cuisson.
Pour 4 personnes

Blancs de dinde au jambon

500 g de blancs de dinde
farine
sel et poivre
1 œuf battu
2 cuillères à soupe d'huile
25 g de beurre
4 tranches de jambon cuit
125 g de bel paese ou de mozzarella coupé en tranches fines
persil pour décorer

Coupez les blancs de dinde en tranches de 5 mm d'épaisseur. Salez et poivrez la farine, passez-y les blancs, puis passez-les dans l'œuf. Faites chauffer l'huile et le beurre dans une grande poêle et faites-y frire des deux côtés les tranches de dinde. Égouttez-les et mettez-les sur une grille allant sur un plat à four.

Couvrez chaque tranche avec une tranche de jambon, puis une tranche de fromage. Passez-les 1 minute sous le gril ; le fromage doit être bien doré. Décorez avec du persil et servez aussitôt.

Pour 4 personnes
Note : vous pouvez remplacer les blancs de dinde par des blancs de poulet.

VIANDES ET VOLAILLES

Poulet au romarin

4 morceaux de poulet
sel et poivre
2 cuillères à soupe d'huile d'olive
25 g de beurre
2-3 branches de romarin
2-3 gousses d'ail
8 cuillères à soupe de vin blanc sec, ou de bouillon de poule

Salez et poivrez le poulet. Faites chauffer l'huile et le beurre dans une grande poêle, ajoutez le romarin et l'ail, et faites-y dorer 10 à 15 minutes les morceaux de poulet, en les tournant une fois.

Versez le vin et amenez-le presque à ébullition. Laissez mijoter, sans couvrir, 20 à 30 minutes jusqu'à ce que la viande soit tendre. Disposez-la sur un plat de service et tenez au chaud.

Otez le romarin et l'ail, puis dégraissez la sauce. Ajoutez 2 à 4 cuillères à soupe d'eau, portez à ébullition, en raclant bien le fond de la poêle. Versez sur le poulet.
Pour 4 personnes

Poulet au citron

4 blancs de poulet désossés
farine
sel et poivre
1 cuillère à soupe d'huile d'olive
70 g de beurre
2 cuillères à soupe de jus de citron
3 cuillères à soupe de bouillon de poule
3 cuillères à soupe de persil haché
rondelles de citron pour garnir

Coupez chaque blanc de poulet en deux tranches minces. Salez et poivrez la farine, puis passez-y le poulet.

Faites chauffer l'huile et 40 g de beurre dans une grande poêle et faites revenir le poulet 5 à 6 minutes de chaque côté ; il doit être tendre. Posez-le sur un plat de service et tenez-le au chaud.

Versez le jus de citron et le bouillon dans la poêle, portez à ébullition et, en tournant, laissez bouillir 1 minute. Ajoutez le persil et le reste du beurre. Versez sur le poulet et décorez avec les rondelles de citron.
Pour 4 personnes

Poulet au romarin ; poulet au citron

VIANDES ET VOLAILLES

Steaks sauce au vin

Steaks sauce au vin

2 steaks de 150 g
sel
2 cuillères à soupe de poivre vert
1 cuillère à soupe de thym haché
1 gousse d'ail pilée
50 g de champignons émincés
10 cl de vin rouge
3-4 gouttes de sauce Worcestershire
1 cuillère à café de moutarde
2 petits oignons hachés
brins de thym pour garnir

Salez les steaks. Enrobez-les de poivre vert et de thym.

Faites-les cuire 2 à 3 minutes de chaque côté sous le gril jusqu'à ce qu'ils soient dorés. Prolongez la cuisson, selon le goût. Mettez l'ail, les champignons et le vin dans une poêle et portez à ébullition. Faites réduire et épaissir à feu vif, puis ajoutez la sauce Worcestershire, la moutarde et l'oignon.

Disposez les steaks sur un plat de service chaud et nappez de sauce. Garnissez de thym. Servez immédiatement avec une salade ou des légumes verts.

Pour 2 personnes

Pilaf de foies de volaille

125 g de lard fumé
25 g de beurre
2 gousses d'ail hachées
250 g de foies de volaille hachés
50 g de champignons hachés
25 cl de vin blanc sec
1 bouquet garni
175 g de riz long grain
sel et poivre
30 cl de bouillon de poule
3 cuillères à soupe de crème fraîche
2 cuillères à soupe de persil haché

Découennez le lard et coupez-le en petits morceaux.

Faites fondre le beurre dans une casserole et faites revenir le lard 2 minutes à feu doux. Ajoutez l'ail, les foies, et laissez cuire 5 minutes en tournant de temps en temps. Ajoutez les champignons, le vin, le bouquet garni, le riz, salez et poivrez. Versez le bouillon, portez à ébullition, couvrez et laissez mijoter 12 minutes.

Retirez le couvercle, augmentez le feu et tournez jusqu'à ce que le riz soit juste tendre et que le liquide soit complètement absorbé. Retirez le bouquet garni.

Juste avant de servir, incorporez la crème et le persil. Servez aussitôt décoré de rondelles de citron.

Pour 4 à 6 personnes

Hochepot aux haricots rouges

25 g de beurre
1 gros oignon haché
2 tranches de lard fumé découenné, hachées
5 saucisses de Francfort coupées en dés
1 cuillère à soupe de câpre hachées
900 g de haricots rouges en boîte, égouttés
15 cl de bouillon de poule
sel et poivre
2 cuillères à soupe de persil haché

Faites fondre le beurre dans une cocotte et faites revenir doucement l'oignon et le lard. Ajoutez les saucisses de Francfort, les câpres et les haricots rouges. Mélangez bien.

Ajoutez le bouillon. Couvrez et laissez cuire 20 minutes au four (180°).

Rectifiez l'assaisonnement, saupoudrez de persil et servez aussitôt.

Pour 4 personnes

Poulet aux noix

4 ciboules
50 g de cerneaux de noix
4 gros blancs de poulet
1 petit poivron rouge
2 courgettes
50 g de champignons
2 cuillères à soupe d'huile
2 gousses d'ail émincées
1/2 cuillère à café de gingembre
50 g de pois mange-tout
2 cuillères à soupe de sauce de soja

Hachez grossièrement la ciboule et les noix. Émincez le poulet, le poivron, les courgettes et les champignons.

Chauffez l'huile dans une sauteuse et faites sauter l'ail, le gingembre, la ciboule et les noix pendant 1 minute. Ajoutez le poulet et laissez cuire 5 minutes, pour le faire dorer sur toutes les faces. Mettez les ingrédients qui restent, augmentez la flamme et faites revenir 3 minutes, sans cesser de remuer.

Transférez sur un plat de service chaud. Servez immédiatement avec des nouilles ou du riz.

Pour 4 personnes

Poulet à l'ananas

Pavé au roquefort

75 g de roquefort
75 g de beurre ramolli
1 cuillère à soupe de madère
2 cuillères à café de ciboulette et thym hachés
1/2 gousse d'ail pilée
sel et poivre
6 steaks dans le filet, de 2 cm d'épaisseur
persil pour garnir

(Illustration page 70)

Avec un mixeur, travaillez le fromage, le beurre et le madère jusqu'à ce que le mélange soit homogène. Ajoutez les herbes et l'ail ; salez et poivrez. Faites un boudin avec cette préparation, enveloppez de papier d'aluminium et mettez 20 minutes dans le compartiment à glace du réfrigérateur.

Salez et poivrez les steaks. Passez-les 3 à 5 minutes de chaque côté, ou davantage selon le goût, sous un gril. Mettez-les sur un plat de service chaud.

Agrémentez-les de beurre aromatisé. Garnissez de persil et servez immédiatement avec des courgettes.

Pour 6 personnes

Poulet à l'ananas

4 morceaux de poulet
1 oignon émincé
sel et poivre
1/2 cuillère à café de romarin sec
1/2 cuillère à café de gingembre
1 pincée de paprika
1 boîte (500 g) de jus d'ananas non sucré
persil haché

Mettez les morceaux de poulet dans une cocotte, saupoudrez dessus l'oignon, le sel, le poivre, le romarin, le gingembre, le paprika, et terminez par le jus d'ananas.

Faites cuire 45 minutes au four (180°) ; le poulet doit être cuit et bien doré. Servez aussitôt, décoré de persil haché.

Pour 4 personnes

Côtes de porc sauce moutarde

25 g de beurre
1 oignon émincé
1 cuillère à soupe de farine
sel et poivre
4 côtes de porc
10 cl de madère
20 cl de bouillon de poule
1 cuillère à soupe de moutarde forte

Faites fondre le beurre dans une cocotte et faites revenir l'oignon. Otez-le avec une écumoire et mettez-le de côté.

Salez et poivrez la farine, puis passez-y les côtes de porc. Faites-les dorer des deux côtés dans la cocotte. Remettez l'oignon, puis ajoutez le madère et le bouillon. Couvrez et laissez mijoter 20 à 30 minutes ; les côtes doivent être cuites.

Disposez-les sur un plat de service chaud. Ajoutez la moutarde dans la sauce, dans la cocotte, mélangez bien et rectifiez l'assaisonnement. Versez sur les côtes et servez aussitôt.
Pour 4 personnes

Filet de porc aux prunes

2 cuillères à soupe de farine
sel et poivre
500 g de filet de porc coupé en 4 morceaux
50 g de beurre
1 boîte (500 g) de prunes rouges, égouttées et dénoyautées
1 pincée de cannelle
15 cl de vin rouge
persil haché pour décorer

Salez et poivrez la farine, puis passez-y la viande.

Faites fondre le beurre dans une poêle et faites dorer la viande de tous côtés. Mettez-la dans une cocotte.

Écrasez les prunes, pour obtenir une purée grossière. Ajoutez-leur la cannelle et le vin, puis versez le tout sur la viande. Couvrez et faites cuire 30 minutes à four moyen (180°).

Décorez avec du persil et servez chaud.
Pour 4 personnes

Côtes de porc sauce moutarde ;
filet de porc aux prunes

Veau Stroganoff

4 escalopes de veau
50 g de beurre
1 oignon émincé
125 g de champignons de Paris émincés
1-2 cuillères à soupe de concentré de tomates
1 cuillère à soupe de farine
15 cl de crème fraîche
sel et poivre
1-2 cuillères à soupe de jus de citron
feuilles de cresson pour décorer

Aplatissez les escalopes, et quand elles sont bien fines, découpez-les en courtes lanières.

Faites revenir l'oignon et les champignons dans une poêle avec la moitié du beurre. Ajoutez le concentré de tomates et la farine. Laissez cuire à feu doux, tout en tournant, 2 à 3 minutes. Otez du feu.

Faites revenir à feu vif le veau dans une autre poêle, avec le reste du beurre. Ajoutez-le à la sauce. Ajoutez la crème, salez, poivrez et versez le jus de citron.

Décorez avec les feuilles de cresson et servez aussitôt avec du riz nature ou des pâtes.

Pour 4 personnes

Côtes d'agneau épicées

4 gouttes de tabasco
1/2 cuillère à café de cayenne
1 cuillère à café de sel
1 1/2 cuillère à soupe de sucre roux
1 1/2 cuillère à soupe de sauce Worcester
2 cuillères à soupe de ketchup
1 1/2 cuillère à soupe de vinaigre
4 cuillères à soupe d'eau
8 côtes d'agneau dégraissées

Mélangez le tabasco, le cayenne, le sel et le sucre roux dans un grand plat. Incorporez peu à peu la sauce Worcester, le ketchup, le vinaigre et l'eau. Tournez les côtes dans ce mélange, puis laissez-les mariner dedans 4 heures.

Posez-les sur une grille et badigeonnez-les avec la marinade. Faites-les cuire 5 à 10 minutes sous le gril, en les retournant en cours de cuisson et en les arrosant avec la marinade.

Servez-les aussitôt, accompagnées de riz ou de pâtes.

Pour 4 personnes

Veau à la tyrolienne

2 cuillères à soupe de farine
sel et poivre
4 escalopes de veau
50 g de beurre
1 petit oignon haché fin
2 cuillères à soupe de câpres avec leur jus
20 cl d'eau
5 cuillères à soupe de crème fraîche
persil haché pour décorer

Salez et poivrez la moitié de la farine et passez-y les escalopes.

Dans une poêle, faites revenir doucement les escalopes, 5 minutes de chaque côté, avec la moitié du beurre ; elles doivent être tendres et dorées. Otez-les et mettez-les de côté.

Faites fondre le reste de beurre dans la poêle et faites revenir doucement l'oignon. Versez le reste de farine et laissez cuire 1 à 2 minutes, tout en tournant. Ajoutez les câpres et leur jus, puis l'eau, et laissez cuire jusqu'à ce que la sauce épaississe. Incorporez-lui la crème. Remettez les escalopes dans la poêle et laissez-les réchauffer doucement. Saupoudrez de persil haché.

Pour 4 personnes

Veau à la tyrolienne

VIANDES ET VOLAILLES

Salade de poulet aux noix

Salade de poulet aux noix

500 g de poulet cuit désossé
2 branches de céleri coupé gros
1 pomme épluchée et coupée en dés
50 g de noix hachées gros
6 cuillères à soupe de mayonnaise (page 21)
1-2 cuillères à soupe de crème fraîche
cresson pour décorer

Coupez le poulet en morceaux que vous mettrez dans une grande jatte avec le céleri, la pomme et les noix.
　Ajoutez de la crème fraîche à la mayonnaise pour la fluidifier, nappez-en le poulet et mélangez jusqu'à ce que tous les ingrédients soient bien enrobés.
　Décorez avec des feuilles de cresson et servez.
Pour 4 personnes

Poulet aux amandes

50 g de beurre
50 g d'amandes émondées
4 parts de poulet
sel et poivre
paprika
3 oranges
2 cuillères à café de sucre

Faites fondre le beurre dans une cocotte et faites dorer les amandes. Retirez-les avec une écumoire et mettez-les de côté.
　Saupoudrez les morceaux de poulet de sel, de poivre et de paprika. Faites-les dorer dans la cocotte. Couvrez et laissez-les cuire 20 à 30 minutes ; ils doivent être tendres.
　Pendant ce temps, pressez le jus de deux des oranges et découpez la troisième en quartiers, en ôtant la peau et les pépins.
　Disposez les morceaux de poulet sur un plat de service et tenez-les au chaud.
　Ajoutez le jus, les quartiers d'orange et le sucre dans la cocotte ; portez rapidement à ébullition et laissez réduire 2 minutes. Versez sur le poulet et saupoudrez dessus les amandes. Servez aussitôt.
Pour 4 personnes

Poulet aux épices

4 parts de poulet
2 cuillères à soupe de farine
25 g de beurre
1 oignon haché fin
1 gousse d'ail écrasée
1 poivron vert épépiné et haché
2 cuillères à café de curry
1 cuillère à café de thym
1 boîte (220 g) de tomates pelées
2 cuillères à soupe de vin blanc doux
sel et poivre
50 g de raisins secs

Passez les morceaux de poulet dans la farine. Faites fondre le beurre dans une grande poêle et faites dorer le poulet à feu vif. Otez-le de la poêle et mettez-le de côté.
　Mettez l'oignon, l'ail, le poivron vert, le curry et le thym dans la poêle, et faites revenir le tout, en tournant, 5 minutes.
　Ajoutez les tomates et leur jus, le vin, puis remettez les morceaux de poulet, salez et poivrez. Couvrez et laissez cuire 20 minutes ; le poulet doit être tendre.
　Ajoutez les raisins et servez chaud, avec des pommes de terre en robe des champs ou du riz nature.
Pour 4 personnes

VIANDES ET VOLAILLES

Foies de volaille à la mexicaine

1 cuillère à soupe d'huile
1 gros oignon émincé
2 gousses d'ail pilées
1 boîte de tomates (400 g)
1 cuillère à soupe de concentré de tomates
1 cuillère à café d'herbes de Provence
2 cuillères à café de piment doux
1 piment oiseau émietté
sel et poivre
1 cuillère à soupe de farine
350 g de foies de volaille hachés gros
25 g de beurre
125 g de champignons émincés
15 cl de vin blanc sec

Faites chauffer l'huile dans une poêle et faites fondre l'oignon et l'ail 5 minutes. Ajoutez les tomates avec leur jus. Portez à ébullition et laissez frémir 5 minutes. Relevez avec le concentré, les herbes et les piments ; salez et poivrez. Faites reprendre l'ébullition et continuez la cuisson, à découvert, 20 minutes.

Farinez les foies de volaille. Faites fondre le beurre dans une poêle et mettez-y les foies à revenir 5 minutes, jusqu'à ce qu'ils dorent légèrement. Égouttez-les sur du papier absorbant, puis ajoutez-les à la sauce avec les champignons et le vin. Portez à ébullition et laissez frémir 5 à 7 minutes.

Rectifiez l'assaisonnement. Servez avec des pâtes ou du riz.
Pour 4 à 6 personnes

Foie aux pommes

Chili con carne

50 g de beurre
2 gros oignons hachés
2 gousses d'ail écrasées
500 g de bœuf haché
2 cuillères à café de chili en poudre
4 cuillères à café de cumin moulu
70 g de concentré de tomates
2 boîtes de 400 g de haricots rouges, égouttés
30 cl de bouillon de bœuf
sel et poivre

Faites fondre le beurre dans une cocotte et faites dorer doucement l'oignon et l'ail. Incorporez le bœuf haché et laissez cuire, en tournant, 10 minutes.

Mélangez le chili, le cumin, le concentré de tomates, et incorporez le tout au bœuf. Ajoutez les haricots, le bouillon, salez et poivrez.

Couvrez et faites cuire 25 minutes au four (180°). Servez aussitôt avec du riz nature.
Pour 4 personnes
Note : si vous ne trouvez pas de chili mexicain en poudre, utilisez 1 cuillère à café de cayenne.

Foie aux pommes

50 g de beurre
2 grosses pommes pelées, évidées et coupées en rondelles épaisses
500 g de foie de veau coupé en tranches
4 tranches de lard maigre découennées

Faites fondre la moitié du beurre dans une poêle et faites revenir doucement les pommes. Mettez-les sur un plat et tenez-les au chaud.

Faites fondre le reste du beurre dans la poêle et faites revenir doucement le foie 5 minutes de chaque côté ; il doit être tendre.

Pendant ce temps, faites cuire le lard sous le gril jusqu'à ce qu'il soit croustillant.

Disposez le foie sur un plat de service chaud, posez dessus les tranches de pommes et autour les tranches de lard. Servez aussitôt.
Pour 4 personnes

VIANDES ET VOLAILLES

Steaks à l'orientale

4 steaks (200 g chacun)
1 1/2-2 cuillères à soupe d'huile
1 oignon émincé
1 carotte émincée
2 pommes de terre émincées
4 cuillères à soupe d'eau chaude (facultatif)
2 branches de céleri émincées
4-6 feuilles de chou vert ciselées
50 g de bouquets de brocolis ou de chou-fleur
50 g de champignons de Paris hachés
1/4 concombre coupé en rondelles
2-3 tomates coupées en quartiers
1 1/2-2 cuillères à soupe de sauce soja

Faites cuire les steaks sous le gril 3 à 5 minutes de chaque côté, selon votre goût.

Faites chauffer l'huile dans une grande poêle, ajoutez l'oignon et faites revenir 2 minutes. Ajoutez la carotte, les pommes de terre, l'eau et tournez à feu vif 3 minutes avec une cuillère en bois. Ajoutez le céleri, le chou, les brocolis ou le chou-fleur, et tournez 2 minutes en ajoutant un peu d'eau si nécessaire pour que cela n'attache pas. Ajoutez les champignons, le concombre, les tomates et tournez 1 minute. Versez la sauce soja et tournez bien.

Les légumes doivent être tendres, mais encore croquants. Servez aussitôt.
Pour 4 personnes

Bœuf aux prunes

1 cuillère à soupe d'huile
1 oignon émincé
1 gousse d'ail écrasée
2-3 tranches de steak, coupées en lanières fines
2-3 prunes, dénoyautées et émincées
2 ou 3 champignons émincés
1 cuillère à soupe de vin blanc sec
2 cuillères à café de sucre roux
1 cuillère à soupe de sauce soja
2 cuillères à café de maïzena
2 cuillères à soupe d'eau
ciboules hachées

Faites chauffer l'huile dans une grande poêle, ajoutez l'oignon et faites revenir 2 minutes. Ajoutez l'ail, puis poussez l'ensemble vers un bord de la poêle et penchez celle-ci pour éliminer le jus. Ajoutez les lanières de viande et faites-les dorer 2 minutes à feu vif.

Baissez le feu, ajoutez les prunes, les champignons, et tournez 1 minute, puis incorporez le vin blanc, le sucre roux et la sauce soja. Délayez la maïzena dans l'eau, incorporez-la au mélange et tournez jusqu'à ce qu'il épaississe.

Décorez avec les ciboules. Accompagnez de légumes verts (brocolis, épinards, haricots verts).
Pour 4 personnes

CI-DESSOUS : *steak à l'orientale ; bœuf aux prunes*
A DROITE : *veau à la sauce rouge ; brochettes à l'orange*

VIANDES ET VOLAILLES

Veau à la sauce rouge

1 cuillère à soupe d'huile
1 petit oignon haché
1 gousse d'ail écrasée
2 cm de gingembre pelé et haché très fin, ou 1/2 cuillère à café de gingembre en poudre
3 escalopes de veau coupées en bâtonnets
1 cuillère à soupe de concentré de tomates
1 cuillère à soupe de sauce soja poivre
1 cuillère à soupe de vin blanc sec
3 cuillères à soupe d'eau
1 cuillère à café de sucre (facultatif)
lanières de ciboule pour décorer

Faites chauffer l'huile dans une grande poêle, ajoutez l'oignon et faites revenir doucement 30 secondes. Ajoutez l'ail, le gingembre, et tournez 30 secondes. Poussez le mélange vers un bord de la poêle, penchez-la pour éliminer le jus de cuisson.

Répartissez la viande dans la poêle, augmentez le feu et tournez 2 minutes, pour que la viande soit bien dorée.

Baissez le feu, incorporez le reste des ingrédients et faites cuire en tournant 30 secondes. Décorez avec la ciboule et servez aussitôt.

Pour 4 personnes

Brochettes à l'orange

500 g de bœuf à braiser en cubes
2-3 tomates coupées en quartiers
1/2 poivron vert évidé, épépiné, coupé en morceaux
1/2 poivron rouge évidé, épépiné, coupé en morceaux
125 g de petits champignons
1 oignon en morceaux
2 cuillères à soupe d'huile
zeste râpé et jus de 1 orange
1 cuillère à soupe de sucre roux
1 cuillère à soupe de sauce soja
poivre

Répartissez la viande et les légumes sur 4 à 6 longues brochettes ou 12 moyennes, en commençant par de la tomate.

Mélangez l'huile, le zeste et le jus d'orange, le sucre roux, la sauce soja, le poivre et badigeonnez les brochettes avec un pinceau. Faites cuire sous le gril environ 15 minutes ; au bout de 10 minutes badigeonnez-les à nouveau et tournez-les. Décorez avec du cresson.

Accompagnez d'une salade verte.

Pour 4 à 6 personnes

Salades vertes

Elles peuvent remplacer les légumes comme accompagnement d'un plat principal et on en trouve une infinie variété ; utilisez, seules ou mélangées, frisée, romaine, laitue, roquette, cresson, feuilles de chêne, trévise, endive. Lavez les feuilles, essuyez-les dans un linge et coupez les plus grandes avant de les mettre dans un saladier contenant de la sauce vinaigrette (page 15) ou de la vinaigrette verte (page 37) ; tournez la salade juste au moment de servir.

VIANDES ET VOLAILLES

Champignons gratinés

2 cuillères à soupe d'huile
500 g de petits champignons de Paris
1 oignon haché
2 petites gousses d'ail écrasées
3 tranches de pain complet, sans la croûte, émiettées
2 tranches de jambon de Paris maigre, coupées en petits carrés
1 cuillère à soupe de persil haché
sel et poivre
environ 2 cuillères à soupe de parmesan râpé
POUR DÉCORER :
cresson
lamelles de champignons de Paris

Faites chauffer la moitié de l'huile dans la poêle et faites revenir les champignons à feu doux 4 à 5 minutes. Mettez-les dans un plat à four et tenez-les au chaud.

Faites chauffer le reste d'huile dans la poêle, ajoutez l'oignon et faites revenir 2 à 3 minutes en tournant. Ajoutez l'ail, la mie de pain, le jambon, le persil, salez et poivrez, mélangez bien et répartissez sur les champignons.

Saupoudrez de parmesan et laissez sous le gril jusqu'à ce que le dessus soit croustillant. Décorez avec le cresson, les champignons et accompagnez d'une salade verte.
Pour 4 personnes

Agneau au romarin

2 cuillères à café d'huile
1 oignon haché
2 gousses d'ail écrasées
400 g d'épaule d'agneau coupée en petits cubes
2 cuillères à café de sauce soja
1 branche de romarin effeuillée, ou 1 cuillère à café de romarin sec
2 cuillères à café de maïzena
3 cuillères à soupe d'eau
15 cl d'eau chaude
branche de romarin pour décorer

Faites chauffer l'huile dans une poêle, ajoutez l'oignon et faites revenir 2 minutes. Incorporez l'ail. Poussez le mélange vers un bord de la poêle et éparpillez la viande sur le fond. Faites dorer, en tournant 3 à 4 minutes.

Mélangez la viande avec l'oignon. Ajoutez la sauce soja, le romarin et tournez quelques secondes. A l'aide d'une écumoire, transférez sur un plat de service et tenez au chaud.

Délayez la maïzena dans l'eau froide, versez dans la poêle et tournez pour gratter les sucs de cuisson. Ajoutez l'eau chaude et laissez frémir en tournant jusqu'à ce que cela épaississe.

Versez sur le plat et décorez de romarin.
Pour 4 personnes

A GAUCHE : *agneau au romarin ; champignons gratinés*
A DROITE : *poulet à l'orientale ; canard au maracuja*

VIANDES ET VOLAILLES

Poulet à l'orientale

1 cuillère à soupe d'huile
1 oignon haché fin
1 gousse d'ail
2-3 blancs de poulet, la peau retirée, émincés
1 cuillère à soupe de sauce soja
50 g de petits champignons de Paris émincés
zeste râpé fin de 1 citron
2 cuillères à soupe de crème fraîche
poivre
cresson pour décorer

Faites chauffer l'huile dans une poêle, ajoutez l'oignon et faites revenir 2 minutes, en tournant. Incorporez l'ail écrasé et poussez le mélange vers le bord de la poêle. Penchez la poêle pour éliminer le jus de cuisson.

Ajoutez le poulet et faites revenir à feu vif 2 minutes, en tournant. Baissez le feu, ajoutez la sauce soja, les champignons, et tournez 1 minute. Incorporez le zeste de citron, 4 cuillères à soupe d'eau, puis la crème et laissez chauffer sans bouillir, puis poivrez. Décorez avec du cresson et servez aussitôt.

Pour 4 personnes

Canard au maracuja

1 cuillère à soupe d'huile
1 oignon émincé
1 gousse d'ail
2 magrets de canard, la peau retirée, émincés
1 fruit de la passion (maracuja), coupé en deux et passé
jus de 1 orange
2 cuillères à café de sucre
1 cuillère à soupe de sauce soja
poivre
2 cuillères à café de maïzena
rondelles d'orange ou fleurs de capucine

Faites chauffer l'huile dans une poêle et faites revenir l'oignon 2 minutes en tournant. Incorporez l'ail écrasé, puis poussez le mélange vers un bord de la poêle. Penchez la poêle pour éliminer le jus de cuisson.

Augmentez le feu, ajoutez le canard et tournez 3 minutes pour qu'il ne soit plus rosé. Baissez le feu, ajoutez le fruit de la passion, le jus d'orange, le sucre, la sauce soja et poivrez. Délayez la maïzena avec 5 cl d'eau et versez dans la poêle. Tournez jusqu'à ce que cela épaississe.

Décorez chaque portion de rondelles d'orange ou de fleurs de capucine.

Pour 4 personnes

PLATS AUX MICRO-ONDES

Presque magique par son action rapide, le four à micro-ondes est le meilleur ami du cuisinier pressé. Il permet de décongeler, cuire, réchauffer des plats frais ou congelés en un temps record, et a l'avantage d'occuper peu de place.

Cela permet le retour des vieilles recettes familiales qui prennent trop de temps dans la cuisine traditionnelle comme les ragoûts, les plats mijotés et certains desserts. Il vous donnera l'envie de varier vos menus.

Quant à la rapidité, le four à micro-ondes permet d'économiser jusqu'à 75 % du temps de cuisson habituel et jusqu'à 90 % de la consommation d'électricité. D'autres avantages sont la décongélation rapide, la réduction du lavage de la vaisselle puisque les aliments cuisent dans les plats de service, moins de risque de surcuisson, moins d'odeurs et moins de plats desséchés. Cependant utilisez votre four judicieusement pour les aliments qu'il cuira au mieux comme les poissons, les légumes, les fruits, et laissez à votre four traditionnel ce qui doit être croustillant ou doré (gratins, pâtisseries, tartes) et ce que vous voulez préparer en grande quantité.

Les recettes de ce chapitre ont été testées dans un four d'une puissance de 700 watts. Les fours dont le maximum de puissance est inférieur à 700 watts demanderont plus de temps pour décongeler, réchauffer et cuire ; il vous faudra donc adapter les temps donnés dans les recettes.

Potage au cresson

25 g de beurre
1 oignon
1 bouquet de cresson haché fin
500 g de pommes de terre en cubes
50 cl de bouillon de poule
sel et poivre
10 cl de crème fraîche

Faites fondre le beurre dans une grande cocotte sur **Maximum** 30 s. Ajoutez l'oignon, couvrez et faites cuire sur **Maximum** 1 1/2 mn.

Ajoutez le cresson, les pommes de terre, le bouillon, le sel et le poivre. Couvrez et faites cuire encore 15 mn, c'est-à-dire jusqu'à ce que les légumes soient cuits.

Passez au mixeur. Remettez la purée obtenue dans la cocotte. Ajoutez la crème fraîche et réchauffez sur **Maximum** 3 à 4 mn, sans laisser bouillir.

Versez dans une soupière. Servez chaud ou froid.
Pour 4 personnes

Salade de pommes de terre au roquefort

500 g de pommes de terre nouvelles
2 cuillères à soupe d'eau
350 g de tomates en quartiers
6 ciboules émincées
3 cuillères à soupe de sauce au roquefort (voir ci-contre)
quelques ciboules pour la garniture

Piquez la peau des pommes de terre avec une fourchette. Mettez-les dans un plat avec l'eau, couvrez et faites cuire sur **Maximum** 10 à 12 mn. Égouttez-les, coupez-les en morceaux dans un saladier.

Ajoutez les tomates, les ciboules, la sauce au roquefort et mélangez bien. Garnissez avec les ciboules et servez tiède ou froid.
Pour 4 à 6 personnes

A GAUCHE : *potage au cresson ;*
salade de pommes de terre au roquefort
A DROITE : *morue à la niçoise*

PLATS AUX MICRO-ONDES

Soupe à l'oignon

500 g d'oignons hachés fin
50 g de beurre
sel et poivre
1 pincée de cayenne
15 cl de vin blanc
50 cl de bouillon de bœuf
1/4 cuillère à café de thym
6 tranches de pain grillées et beurrées
125 g de comté râpé

Mettez les oignons, le beurre, le sel, le poivre et le cayenne dans un grand récipient, couvrez et faire cuire sur **Maximum** 6 à 7 mn. Répartissez les oignons dans 6 bols à bouillon.

Mélangez le vin blanc et le bouillon, ajoutez le thym et versez le tout sur les oignons. Couvrez les bols et remettez au four sur **Maximum** 10 à 12 mn.

Posez une tranche de pain dans chaque bol, le côté beurré vers le dessus, et parsemez de fromage râpé. Faites gratiner sous un gril traditionnel ou mettez au four à micro-ondes 2 à 3 mn, jusqu'à ce que le fromage soit fondu.
Pour 6 personnes

Sauce au roquefort

50 g de roquefort
50 cl de crème fraîche
1 cuillère à soupe de ciboulette hachée
sel et poivre

Écrasez le roquefort à la fourchette et incorporez-lui peu à peu la crème pour obtenir une pâte homogène. Ajoutez la ciboulette, salez et poivrez.
Pour 25 cl de sauce

Micro-ondes et plats salés

Les micro-ondes sont d'une aide inappréciable pour cuisiner rapidement.

Pour dorer des noix rapidement, n'allumez pas votre gril, mais posez 50 g de noix entières ou émincées sur un plat et comptez 5-6 minutes sur **Maximum** pour les noix entières, et 3-5 minutes pour les noix émincées.

Pour ramollir du beurre placez 125 g de beurre 15-30 secondes dans le four sur **Maximum**.

Morue à la niçoise

1 cuillère à soupe d'huile
1 oignon émincé
1 gousse d'ail écrasée
1 cuillère à soupe de persil haché
1 boîte de 225 g de tomates pelées, hachées
15 cl de vin blanc sec
sel et poivre
250 g de morue fraîche en tranches
GARNITURE :
2 olives noires
branches de persil

Mettez l'huile, l'oignon et l'ail dans un bol. Couvrez et faites cuire sur **Maximum** 1 1/2 mn. Ajoutez persil, tomates, vin, sel et poivre. Mélangez, couvrez et poursuivez la cuisson 2 mn sur **Maximum**.

Disposez les tranches de morue sur un plat de service et nappez-les de sauce. Couvrez et faites cuire 6 mn sur **Maximum**. Laissez attendre 2 à 3 mn.

Mettez une olive noire au milieu de chaque tranche de poisson et décorez avec des branches de persil.
Pour 2 personnes
Note : le poisson cuit aux micro-ondes est particulièrement savoureux. Il garde à la fois sa consistance et son goût.

Quiche aux sardines

- 1 fond de tarte (pâte brisée) de 18 cm de diamètre
- 2 tomates coupées en rondelles
- 2 boîtes de 120 g de sardines à l'huile égouttées
- 1 œuf
- 15 cl de lait chaud
- sel et poivre
- GARNITURE :
- rondelles de tomates
- feuilles de cresson

Mettez la pâte sur un plat et garnissez le fond de rondelles de tomates. Placez les sardines dessus. Battez l'œuf dans une jatte, ajoutez le lait et assaisonnez. Versez sur les sardines. Faites cuire sur **Minimum** 12 à 15 mn, pour que le centre soit juste à point : si votre four n'a pas de plateau tournant, tournez le plat de temps en temps en cours de cuisson. Laissez attendre 5 mn. Décorez avec les rondelles de tomates et le cresson. Servez chaud, ou froid avec de la salade.
Pour 4 personnes

Haddock sauce crevette

- 2 paquets de 150 g de haddock surgelé
- 25 g de beurre
- 25 g de farine
- 30 cl de lait
- sel et poivre
- 125 g de crevettes décortiquées

Faites une petite fente dans les sachets de haddock et placez-les sur une assiette. Faites cuire sur **Maximum** 9 à 10 mn, jusqu'à ce que le poisson soit cuit, tournez l'assiette en cours de cuisson. Laissez le poisson refroidir dans les sachets et, pendant ce temps, préparez la sauce.

Mettez le beurre dans un bol au four sur **Maximum** 1 à 1 1/2 mn pour le faire fondre. Ajoutez la farine et versez le lait petit à petit. Salez, poivrez et remettez sur **Maximum** pendant 2 mn. Remuez après 1 mn de cuisson. Ajoutez les crevettes et poursuivez la cuisson sur **Maximum** pendant 3 à 4 mn, en remuant très souvent.

Disposez le poisson sur des assiettes de service chaudes et nappez-le avec la sauce aux crevettes. Servez avec des haricots verts et des croquettes de pommes de terre.
Pour 2 personnes

Quiche aux sardines ; haddock sauce crevette

Truites farcies

4 truites décongelées
ail en poudre
sel
1 poivron vert épépiné, émincé
1 oignon émincé
2 tomates émincées
75 g de crevettes décortiquées
GARNITURE :
25 g d'amandes mondées, grillées
feuilles de cresson
rondelles de citron

Essuyez les truites. Saupoudrez l'intérieur d'ail en poudre et de sel. Mélangez le poivron, l'oignon, les tomates et les crevettes, et farcissez-les de ce mélange.

Protégez les queues avec du papier d'aluminium et rangez les truites dans un plat. Mettez de petits cercles de papier d'aluminium sur les yeux ; piquez la peau.

Couvrez et faites cuire sur **Maximum** 10 à 12 mn, jusqu'à ce que la chair se détache facilement des arêtes ; redisposez les truites à mi-cuisson si votre four n'a pas de plateau tournant. Laissez attendre 2 à 3 mn.

Garnissez avec les amandes, le cresson et le citron.
Pour 4 personnes

Gratin de thon

25 g de beurre
125 g de champignons émincés
1 boîte de 300 g de velouté de champignons concentré
2 cuillères à soupe de crème fraîche
2 boîtes de 300 g de thon, égoutté et émietté
3 cuillères à soupe de jus de citron
sel et poivre
500 g de pommes de terre cuites, en purée

Faites fondre le beurre dans une cocotte 30 s sur **Maximum.** Ajoutez les champignons, couvrez et laissez cuire encore 1 1/2 mn. Incorporez les autres ingrédients, sauf la purée, salez, poivrez. Couvrez et laissez cuire sur **Maximum** 3 à 4 mn en remuant au bout de 1 1/2 mn.

Égalisez la répartition du mélange sur toute la surface du plat et couvrez avec la purée chaude, éventuellement à l'aide d'une douille. Vous pouvez faire dorer un peu le tout sous un gril traditionnel. Servez avec des haricots verts.
Pour 4 personnes

Filets aux amandes

Filets aux amandes

50 g de beurre
25 g d'amandes mondées
500 g de filets de poisson blanc
1 pincée de thym séché
une pincée de sel de céleri
2 cuillères à café de jus de citron
branches de thym

Mettez le beurre et les amandes dans un plat et faites cuire sur **Maximum** en remuant de temps en temps, pendant environ 5 mn, jusqu'à ce que les amandes soient dorées. Retirez-les du plat et réservez.

Disposez le poisson dans le plat, les parties les plus épaisses vers l'extérieur. Tournez-les plusieurs fois dans le beurre. Ajoutez le thym, le sel de céleri et le jus de citron.

Couvrez et faites cuire sur **Maximum** 5 à 6 mn.

Décorez avec les amandes et les branches de thym. Accompagnez de noix de purée de pommes de terre et de courgettes.
Pour 4 personnes

Agneau en sauce

Agneau en sauce

50 g de beurre
1 oignon coupé en rondelles
600 g de gigot d'agneau coupé en cubes
2 cuillères à soupe de farine
1 cuillère à café de vinaigre de vin
30 cl de bouillon de poule bouillant
1 cuillère à soupe de romarin haché
sel et poivre
branches de romarin pour la garniture

Faites fondre le beurre dans une cocotte sur **Maximum** 1 mn.

Ajoutez l'oignon et faites cuire sur **Maximum** 2 mn. Mettez enfin l'agneau et poursuivez la cuisson 7 mn, en remuant deux ou trois fois.

Incorporez la farine et le vinaigre. Versez doucement le bouillon, puis le romarin. Salez, poivrez. Couvrez et faites cuire sur **Maximum** 10 mn. Remuez de temps en temps en cours de cuisson. Laissez en attente, couvert, 5 mn.

Vérifiez l'assaisonnement et garnissez de branches de romarin. Servez accompagné de tagliatelles ou de riz créole.
Pour 4 personnes

Estouffade de foie

4 fines tranches de lard fumé coupées en morceaux
50 g de farine
sel et poivre
500 g de foie d'agneau émincé
2 oignons émincés
12 cl d'eau
1 cuillère à café d'herbes de Provence
2 cuillères à soupe de concentré de tomates

Mettez le lard dans un plat couvert de papier absorbant et faites cuire sur **Maximum** 4 mn.

Salez et poivrez la farine, passez-y les morceaux de foie.

Enlevez la moitié de la graisse rendue par le lard et mettez le foie dans le plat. Ajoutez les autres ingrédients. Couvrez et faites cuire sur **Maximum** 5 mn, remuez et poursuivez la cuisson 5 à 7 mn, jusqu'à ce que le foie soit cuit. Laissez en attente, couvert, 5 mn.

Servez accompagné de pommes de terre à la crème ou de riz créole, avec des petits pois ou des mange-tout.
Pour 4 personnes

Dinde à l'italienne

4 fines tranches de lard fumé découenné
4 cuillères à soupe d'huile
125 g de champignons émincés
1 oignon haché
4 cuillères à soupe de farine
sel et poivre
40 cl de bouillon de poule bouillant
40 cl de lait
3 cuillères à soupe de vin blanc sec
250 g de spaghettis cuits et égouttés
350 g de dinde cuite coupée en cubes
50 g de parmesan râpé
branches de persil pour la garniture

Coupez le lard en petits morceaux et mettez-le sur un plat entre deux feuilles de papier absorbant. Faites-le cuire sur **Maximum** 4 à 5 mn, jusqu'à ce qu'il soit croustillant. Émiettez-le et réservez.

Mettez l'huile dans une grande cocotte, ajoutez les champignons et l'oignon, et faites cuire sur **Maximum** 4 mn, en remuant une fois à mi-cuisson.

Ajoutez la farine, salez, poivrez et faites cuire 30 s sur **Maximum.** Versez le bouillon et le lait, mélangez bien et remettez au four jusqu'à ce que la sauce épaississe, en remuant en cours de cuisson.

Ajoutez le vin, les spaghettis, la dinde, le lard et le parmesan, et mélangez bien. Remettez au four sur **Maximum** 10 à 12 mn.

Mélangez et décorez avec les branches de persil.
Pour 4 personnes

PLATS AUX MICRO-ONDES

Poulet au paprika

1 poulet de 1-1,5 kg, en 6 morceaux
2 cuillères à soupe d'huile
1 gros oignon haché
1 poivron vert épépiné et haché
1 cuillère à soupe de paprika
1 cuillère à soupe de concentré de tomates
2 grosses tomates pelées et hachées
15 cl de bouillon de poule
sel et poivre
3 cuillères à soupe de yaourt nature
branches de persil pour garnir

Rangez les morceaux de poulet dans un plat, sans les superposer, les parties les plus charnues vers l'extérieur.

Couvrez et faites cuire 10 mn sur **Maximum**, en tournant le plat à mi-cuisson.

Pendant ce temps, faites chauffer l'huile dans une poêle, ajoutez l'oignon et le poivron, et faites-les dorer sur une cuisinière traditionnelle. Ajoutez le paprika, le concentré de tomates, les tomates, le bouillon, le sel et le poivre. Amenez à ébullition et versez cette préparation sur le poulet.

Couvrez et faites cuire 20 mn sur **Maximum** : il faut que le poulet soit tendre. Laissez en attente, couvert, 5 mn, puis ajoutez le yaourt. Garnissez avec les branches de persil.

Pour 4 à 6 personnes

Poulet à la royale

50 g de beurre
2 cuillères à soupe de poivron vert émincé
2 cuillères à soupe de poivron rouge émincé
2 cuillères à soupe de farine
lait
1 boîte (300 g) de velouté de poulet concentré
500 g de poulet cuit, coupé en dés
2 cuillères à soupe de vin blanc sec
1 boîte de 200 g de champignons coupés en deux
sel et poivre
tranches de baguette grillées

Mettez les poivrons dans une cocotte avec le beurre, couvrez et faites cuire 2 mn sur **Maximum.** Incorporez la farine.

Ajoutez du lait au velouté de poulet, de façon à obtenir 50 cl de liquide, puis incorporez le mélange précédent.

Faites cuire 5 à 7 mn, en remuant de temps en temps.

Ajoutez le reste des ingrédients, salez, poivrez et faites réchauffer le tout sur **Maximum** 2 1/2 à 3 1/2 mn.

Disposez les tranches de pain sur les assiettes de service et versez dessus la sauce au poulet.

Pour 4 personnes

Lapin en marinade

1 kg de morceaux de lapin
sel et poivre
1 oignon émincé
30 cl de vin blanc sec
30 cl de bouillon de poule
1 feuille de laurier
1 cuillère à soupe rase de maïzena, délayée dans un peu d'eau
12 oignons blancs au vinaigre
12 olives vertes farcies, émincées
1 boîte de 200 g de champignons égouttés et coupés en deux
branches de persil pour garnir

Frottez les morceaux de lapin avec du sel et du poivre, et mettez-les dans un plat avec l'oignon, le vin blanc, le bouillon et le laurier. Couvrez et laissez mariner une nuit au réfrigérateur.

Otez l'oignon et le laurier. Mettez le lapin et sa marinade dans une cocotte, couvrez et faites cuire sur **Maximum** 15 à 20 mn. Sortez le lapin du four et réservez-le.

Versez la maïzena dans la cocotte, couvrez et portez à ébullition sur **Maximum,** en remuant souvent. Ajoutez les oignons, les olives et les champignons, et remettez le lapin dans la cocotte.

Couvrez et faites réchauffer le tout sur **Maximum** 2 à 3 mn. Laissez en attente 5 mn, couvert. Garnissez avec les branches de persil et servez accompagné de pommes de terre et de navets en purée au beurre.

Pour 4 personnes

Lapin en marinade

Poulet chasseur

1 boîte de tomates pelées (400 g)
1 boîte de concentré de tomates (150 g)
12 cl de vin blanc sec
1 gousse d'ail écrasée
1 cuillère à café d'origan séché
sel
4 à 6 morceaux de poulet
1 gros oignon émincé
GARNITURE :
rondelles de citron
branches de persil

(Illustration p. 88)

Dans une jatte mélangez les tomates avec leur jus, le concentré, le vin, l'ail, l'origan et le sel.

Disposez les morceaux de poulet dans une cocotte, les côtés couverts de peau au fond et les parties les plus charnues vers l'extérieur. Ajoutez l'oignon émincé et versez ensuite la sauce à la tomate.

Couvrez et faites cuire 15 mn sur **Maximum**. Retournez les morceaux de poulet, couvrez et poursuivez sur **Maximum** pendant 10 à 15 mn ; quand vous piquez le poulet, le jus doit sortir clair. Laissez en attente, couvert, 5 mn. Décorez avec les rondelles de citron et les branches de persil.
Pour 4 à 6 personnes

Côtes de porc sauce piquante

4 côtes de porc premières de 1 cm d'épaisseur
Viandox
125 g de comté râpé
2 cuillères à soupe de crème fraîche
1 cuillère à café de moutarde de Dijon
ciboulette hachée pour la garniture

Badigeonnez les deux faces des côtes de Viandox. Disposez-les sur un plat sans les superposer, en plaçant les parties les plus épaisses vers l'extérieur du plat.

Couvrez et faites cuire 5 mn sur **Maximum**. Mettez alors le four sur **Minimum** et poursuivez la cuisson pendant 20 à 22 mn, en retirant le jus au bout de 10 mn.

Mélangez le fromage, la crème et la moutarde, et versez cette préparation sur les côtes. Faites cuire sur **Maximum** environ 2 mn ; le fromage doit être fondu. Décorez avec la ciboulette.
Pour 4 personnes

Pommes de terre surprise

4 pommes de terre
4 noisettes de beurre
4 cuillères à soupe de crème fraîche
2 cuillères à café de ciboulette hachée
sel et poivre

Piquez les pommes de terre et disposez-les en cercle dans le four, sur du papier absorbant. Faites cuire 6 mn sur **Maximum**. Retournez les pommes de terre, tournez le plat et poursuivez la cuisson pendant 7 à 8 mn. Enveloppez chaque pomme de terre dans du papier d'aluminium et laissez en attente 5 mn.

Coupez, en longueur, une tranche d'environ 1 cm sur chacune et retirez délicatement la chair. Mélangez celle-ci avec le beurre, la crème, la ciboulette ; salez, poivrez et remplissez les pommes de terre avec ce mélange. Remettez au four sur **Maximum** 2 à 3 mn avant de servir.
Pour 4 personnes

Courgettes farcies

2 courgettes, coupées en deux dans le sens de la longueur
40 g de riz prétraité
2 cuillères à soupe de bouillon de poule bouillant
1 cuillère à café de persil haché
sel et poivre
1 boîte de 100 g de crabe, égoutté
paprika
branches de persil pour garnir

Videz les courgettes en laissant 1 cm de chair sur la peau. Hachez grossièrement la pulpe et mettez-la dans une casserole avec le riz, le bouillon, le persil ; salez, poivrez. Mélangez bien, couvrez et faites cuire sur **Maximum** 4 à 6 mn, jusqu'à ce que le riz soit tendre et que tout le liquide ait été absorbé.

Ajoutez le crabe et remplissez les courgettes avec cette préparation. Rangez-les dans un plat et saupoudrez de paprika. Couvrez le plat de papier sulfurisé et faites cuire sur **Maximum** 4 à 5 mn, jusqu'à ce que les courgettes soient tendres ; tournez le plat à mi-cuisson. Laissez 2 à 3 mn en attente, couvert, avant de servir, décoré de persil.
Pour 4 personnes

Fèves à la provençale

2 cuillères à soupe d'huile
1 gousse d'ail écrasée
1 oignon haché
500 g de fèves écossées
350 g de tomates, pelées et concassées
1 cuillère à café de sucre
1/2 cuillère à café d'origan
2 cuillères à soupe de vinaigre
sel et poivre

Mettez l'huile, l'ail et l'oignon dans une cocotte, couvrez et faites cuire sur **Maximum** 2 mn. Ajoutez les fèves et mélangez bien. Incorporez le reste des ingrédients, salez et poivrez. Couvrez et faites cuire sur **Maximum** 8 à 10 mn, jusqu'à ce que les fèves soient tendres.
Pour 4 personnes

Blancs et verts

250 g de brocolis surgelés
250 g de chou-fleur surgelé
2 cuillères à soupe d'eau
1 paquet de sauce au fromage instantanée
25 cl de lait
25 g de beurre
25 g de chapelure
persil haché pour la garniture

Mettez les brocolis, le chou-fleur et l'eau dans une cocotte. Couvrez et faites cuire sur **Maximum** 10 à 12 mn, en remuant une ou deux fois en cours de cuisson. Égouttez et remettez dans le plat. Couvrez et réservez.

Délayez la sauce au fromage avec le lait. Mettez au four sur **Maximum** 3 mn, en remuant souvent, jusqu'à ce que la sauce épaississe.

Faites fondre le beurre dans un petit plat sur **Maximum** 15 à 30 s, puis versez-y la chapelure.

Nappez les légumes de la sauce au fromage et versez par-dessus la chapelure au beurre. Réchauffez 2 mn sur **Maximum.** Saupoudrez de persil haché et servez.
Pour 4 à 6 personnes

Fèves à la provençale ; blancs et verts

Chou-fleur à la polonaise

50 g de beurre
50 g de chapelure grossière
1 chou-fleur en bouquets
2 cuillères à soupe d'eau
1 cuillère à soupe de persil haché
2 œufs durs hachés

Faites fondre le beurre dans un bol sur **Maximum** 1 mn. Versez-le sur la chapelure et réservez.
Mettez le chou-fleur et l'eau dans une cocotte, couvrez et faites cuire sur **Maximum** 8 à 10 mn.
Mélangez la chapelure avec le persil et les œufs durs, et versez ce mélange sur le chou-fleur avant de servir.
Pour 4 personnes

Petits pois bonne femme

125 g de lard fumé, découenné et coupé en lardons
25 g de beurre
500 g de petits pois surgelés
6 petits oignons blancs
12 cl d'eau
sel et poivre
15 g de sucre en poudre
10 petites feuilles de laitues

Mettez le lard dans une cocotte, couvrez de papier absorbant et faites cuire sur **Maximum** 3 à 4 mn.
Ajoutez le beurre, les petits pois, les oignons, l'eau, salez, poivrez. Couvrez et faites cuire sur **Maximum** 8 mn, en remuant à mi-cuisson.
Ajoutez le sucre et les feuilles de laitue, couvrez et remettez au four à même température 2 mn. Les petits pois et les oignons doivent être tendres.
Pour 4 à 6 personnes

Cocotte de haricots

1 boîte de haricots à la tomate (500 g)
1 kg de pommes de terre cuites en rondelles
250 g de comté râpé
sel et poivre

Versez la moitié des haricots dans une cocotte. Couvrez avec la moitié des pommes de terre et saupoudrez le tout de la moitié du fromage. Salez, poivrez. Versez le reste des haricots, puis les pommes de terre. Couvrez et faites cuire sur **Maximum** 4 mn.
Saupoudrez avec le reste de fromage, couvrez et remettez au four 1 à 2 mn, jusqu'à ce que le fromage soit fondu.
Pour 4 personnes

Haricots aux amandes

500 g de haricots verts
2 cuillères à soupe d'eau
25 g de beurre en petits dés
25 g d'amandes mondées
sel et poivre

Mettez les haricots et l'eau dans un plat, couvrez et faites cuire sur **Maximum** 8 à 10 mn.

Ajoutez le reste des ingrédients, salez, poivrez. Couvrez et poursuivez la cuisson 1 mn, pour faire fondre le beurre. Laissez en attente 2 mn, couvert.
Pour 4 personnes

Céleri braisé

1 pied de céleri branche
15 cl de bouillon de poule bouillant
sel et poivre
25 g de beurre en petits dés

Nettoyez les branches de céleri, coupez-les en deux et mettez-les dans un plat creux avec le bouillon ; salez, poivrez. Ajoutez le beurre, couvrez et faites cuire sur **Maximum** environ 12 mn. Retournez les branches à mi-cuisson. Laissez reposer 2 à 3 mn, couvert.
Pour 4 personnes

Chou au roquefort

1 chou de 500 g coupé en quatre
4 cuillères à soupe d'eau
8 cuillères à soupe de sauce au roquefort (page 91)

Retirez le cœur dur des quartiers de chou et mettez ces derniers dans une cocotte, la partie la plus mince vers le centre. Ajoutez l'eau, couvrez et faites cuire sur **Maximum** 10 mn. Laissez en attente 2 mn avant de servir.

Égouttez le chou et nappez-le avec la sauce.
Pour 4 personnes

Carottes glacées au miel

500 g de carottes, coupées en rondelles
4 cuillères à soupe d'eau
15 g de beurre
1 pincée de cannelle
1 cuillère à soupe de miel liquide
GARNITURE :
2 cuillères à soupe de noix hachées
1 pincée de cannelle

Mettez les carottes et l'eau dans une cocotte. Couvrez et faites cuire sur **Maximum** 10 à 12 mn, jusqu'à ce qu'elles soient tendres. Laissez en attente, couvert, 2 mn.

Ajoutez le beurre et la cannelle, versez le miel en le répartissant bien et mélangez délicatement. Couvrez et remettez au four 30 s.

Saupoudrez avec les noix et la cannelle, et servez.
Pour 4 personnes

A GAUCHE : *chou-fleur à la polonaise ; petits pois bonne femme ; cocotte de haricots*
A DROITE : *haricots aux amandes ; chou au roquefort ; carottes glacées au miel*

Spaghettis bolognaise

500 g de bœuf haché
1 oignon haché
3 cuillères à soupe de poivron vert haché
1 boîte (400 g) de tomates pelées et concassées
2 cuillères à soupe de coulis de tomates
150 g de concentré de tomates
4 cuillères à soupe d'eau
1 feuille de laurier
2 cuillères à café d'origan séché
1 cuillère à café de basilic séché
1 cuillère à soupe de Viandox
sel et poivre
175 g de spaghettis
1 cuillère à soupe d'huile
parmesan râpé

Mettez la viande, l'oignon et le poivron dans une cocotte en remuant bien pour émietter la viande. Couvrez avec du papier sulfurisé et faites cuire sur **Maximum** 5 à 6 mn, en remuant plusieurs fois en cours de cuisson. Éliminez l'excès de jus.

Ajoutez les tomates, le coulis, le concentré de tomates, l'eau, la feuille de laurier, l'origan, le basilic et le Viandox. Salez, poivrez ; couvrez et faites cuire sur **Maximum** pendant 10 mn. Mélangez bien, couvrez et remettez à cuire sur **Minimum** 10 mn, en remuant de temps en temps.

Pendant ce temps, faites cuire les spaghettis dans de l'eau bouillante salée additionnée d'huile, sur une cuisinière traditionnelle, 10 à 12 mn *(al dente)*. Égouttez-les et mettez-les sur un plat de service chaud.

Nappez-les avec la sauce à la viande, après avoir retiré la feuille de laurier, et saupoudrez de parmesan avant de servir.
Pour 4 personnes

Pommes au lard

500 g d'oignons émincés
2 cuillères à soupe d'eau
500 g de pommes fruits pelées, vidées et coupés en tranches
poivre
350 g de lard fumé, découenné

Mettez les oignons et l'eau dans une cocotte, couvrez et faites cuire sur **Maximum** 8 mn. Ajoutez les pommes et poivrez. Couvrez et poursuivez la cuisson sur **Maximum** 3 mn, en remuant à mi-cuisson. Réservez.

Pendant ce temps, mettez le lard entre deux feuilles de papier absorbant ou dans un plat sur un trépied, et faites cuire sur **Maximum** 5 à 6 mn. Otez l'excès de graisse à mi-cuisson.

Émiettez le lard et incorporez-le aux pommes. Couvrez et réchauffez sur **Maximum** 2 mn. Servez avec du pain grillé.
Pour 4 personnes

Pilaf de légumes au jambon

250 g de carottes émincées
250 g de bouquets de chou-fleur
125 g de poireaux émincés
25 g de beurre
250 g de riz long
1/2 cuillère à café de cardamome, de paprika et de cannelle
1/2 cuillère à café de curcuma (facultatif)
50 cl de bouillon de poule
sel et poivre
125 g de jambon émincé
1 cuillère à soupe de persil haché

Mettez les légumes et le beurre dans une cocotte, couvrez et faites cuire sur **Maximum** 5 mn. Ajoutez le riz, les épices et le bouillon, salez et poivrez, couvrez et faites cuire sur **Maximum** 7 à 8 mn.

Baissez le four sur **Minimum** et poursuivez la cuisson 15 mn en remuant de temps en temps. Ajoutez alors le jambon, et remettez sur **Maximum** 2 à 3 mn pour réchauffer.

Parsemez de persil avant de servir.
Pour 4 personnes

Rognons à la diable

2 cuillères à soupe de farine
sel et poivre
8 rognons d'agneau nettoyés et coupés en deux
25 g de beurre
1 petit oignon haché
1 cuillère à soupe de Viandox
1 cuillère à soupe de vin blanc sec
1 cuillère à soupe de persil haché
GARNITURE :
croûtons frits
branches de persil

Salez et poivrez la farine et roulez les rognons dedans.

Faites fondre le beurre 1 mn dans un plat creux sur **Maximum**. Ajoutez l'oignon, couvrez et faites cuire 1 1/2 mn sur **Maximum**. Mettez alors les rognons, couvrez et faites cuire sur **Maximum** 4 mn, en remuant à mi-cuisson.

Ajoutez ensuite le Viandox, le vin et le persil, couvrez et remettez au four 2 à 3 mn, sur **Maximum**. Laissez en attente 5 mn. Servez, garni de persil, sur des croûtons.
Pour 2 personnes

Pilaf de légumes au jambon ; spaghettis bolognaise ; rognons à la diable

PLATS AUX MICRO-ONDES

Maquereaux en sauce verte

50 g de beurre
75 g de chapelure
2 cuillères à soupe de persil haché
2 cuillères à soupe de poivron rouge haché
1 cuillère à café de basilic séché
2 cuillères à café de jus de citron
sel et poivre
2 maquereaux, vidés
300 g de groseilles à maquereau
10 cl d'eau
GARNITURE :
rondelles de citron
branches de persil

Faites fondre le beurre dans un bol sur **Maximum** pendant 1 mn. Ajoutez la chapelure, le persil, le poivron, le basilic, le jus de citron ; salez, poivrez et mélangez bien pour obtenir une farce homogène.

Coupez la tête et la queue des maquereaux. Remplissez-les avec la farce. Rangez-les sur un plat et faites trois incisions dans la peau de chacun. Passez les groseilles au mixeur avec l'eau. Versez la purée obtenue sur le poisson. Couvrez et faites cuire sur **Maximum** 7 mn. Laissez en attente 2 à 3 mn. Décorez avec les rondelles de citron et les branches de persil.

Pour 2 personnes

Fausses lasagnes

225 g d'épinards surgelés hachés
500 g de bœuf haché
1 cuillère à café d'ail en poudre
1 boîte (400 g) de tomates réduites en purée
4 cuillères à soupe de chapelure
sel et poivre
225 g de fromage blanc
1 œuf battu
125 g de mozzarella émincée
2 cuillères à soupe de parmesan râpé

Sortez les épinards de leur emballage et mettez-les sur un petit plat. Couvrez et faites cuire sur **Maximum** 3 mn pour les décongeler. Égouttez-les bien et réservez.

Mettez la viande hachée dans une cocotte, en remuant bien pour l'émietter, et saupoudrez d'ail en poudre. Faites cuire sur **Maximum** 5 à 6 mn, en remuant à mi-cuisson. Éliminez l'excès de jus. Ajoutez les tomates, couvrez et faites cuire sur **Maximum** jusqu'à ébullition. Ajoutez la moitié de la chapelure, du sel et du poivre.

Dans un bol, mettez les épinards, le fromage blanc, l'œuf, le reste de chapelure et du poivre ; mélangez bien.

Versez la moitié de la viande hachée dans un plat carré. Couvrez avec la préparation aux épinards, puis la mozzarella. Versez le reste de viande et saupoudrez de parmesan.

Faites cuire sur **Maximum** 4 mn, tournez le plat si votre four n'a pas de plateau tournant et poursuivez la cuisson 4 mn. Laissez en attente 5 mn avant de servir.

Pour 4 personnes

A GAUCHE : *maquereaux en sauce verte*
A DROITE : *gâteau au chocolat ; fondants à la framboise*

Micro-ondes et desserts

Pour faire fondre du chocolat, cassez dans une jatte 50 g de chocolat à croquer en petits morceaux et mettez 2-2 1/2 minutes à four **Moyen**. Ne le mettez pas sur **Maximum**, car il serait trop cuit.

La gélatine se dissout facilement au four à micro-ondes : saupoudrez d'un sachet de gélatine le dessus du liquide indiqué dans la recette, attendez un peu avant de la mettre 30 secondes à four **Maximum**. Laissez refroidir légèrement avant de l'ajouter aux autres ingrédients.

Gâteau au chocolat

1 cuillère à soupe de cacao
2 cuillères à soupe d'eau bouillante
125 g de beurre ramolli
125 g de sucre en poudre
125 g de farine
1 cuillère à soupe de levure chimique
2 œufs battus
SIROP AU CHOCOLAT :
125 g de sucre en poudre
1 cuillère à soupe de cacao
15 cl d'eau
2 cuillères à soupe de rhum
DÉCORATION :
30 cl de crème fraîche
1 cuillère à soupe de lait
feuilles en chocolat

Mélangez le cacao et l'eau ; laissez refroidir. Versez ce mélange dans une jatte avec le reste des ingrédients et battez vigoureusement.

Versez la pâte dans un moule couronne spécial micro-ondes de 25 cm de diamètre, garni de papier alimentaire, et égalisez la surface. Faites cuire sur **Maximum** 4 à 5 mn. Laissez en attente 10 mn, puis démoulez le gâteau sur une grille.

Pour le sirop au chocolat, mettez le sucre, le cacao et l'eau dans une jatte et faites chauffer 1 1/2 à 2 mn jusqu'à dissolution. Laissez refroidir et ajoutez le rhum.

Remettez le gâteau dans le moule, arrosez-le avec le sirop et laissez-le s'en imbiber pendant 10 à 15 mn.

Battez la crème avec le lait. Nappez le gâteau avec la crème fouettée et décorez avec les feuilles.

Pour 6 à 8 personnes

Feuilles en chocolat : prenez des feuilles de rosier bien fraîches et badigeonnez le dessous de chocolat fondu, à l'aide d'un pinceau fin. Laissez sécher, la face chocolatée au-dessus, puis décollez délicatement.

Fondants à la framboise

125 g de beurre ramolli
125 g de sucre en poudre
2 œufs battus
125 g de farine
1 cuillère à café de levure chimique
6 cuillères à soupe de confiture de framboises
noix de coco râpée et séchée
6 cerises confites pour la décoration

Dans une jatte, battez ensemble le beurre, le sucre, les œufs, la farine et la levure pour obtenir une pâte légère et onctueuse. Répartissez cette préparation dans 6 gobelets en papier.

Placez-les en cercle dans le four et faites cuire sur **Maximum** 3 à 4 mn, en changeant les gobelets de place à mi-cuisson. Démoulez sur une grille.

Versez la confiture dans un bol et faites-la chauffer sur **Maximum** 30 à 40 s, en remuant au bout de 15 s. Nappez les gâteaux refroidis avec la confiture, roulez-les dans la noix de coco et décorez avec les cerises.

Pour 6 fondants

Gâteau fourré

150 g de farine
1 cuillère à café de levure chimique
25 g de maïzena
une pincée de sel
150 g de sucre en poudre
2 œufs, blancs et jaunes séparés
4 cuillères à soupe d'eau chaude
2 cuillères à soupe d'huile
extrait de vanille
GARNITURE :
350 g de framboises
30 cl de crème fraîche fouettée

Dans une jatte, mélangez la farine, la levure, la maïzena, le sel et le sucre. Battez les jaunes d'œufs avec l'eau, l'huile et quelques gouttes de vanille. Incorporez-les dans la jatte. Montez les blancs en neige ferme et ajoutez-les.

Répartissez la pâte dans deux moules beurrés de 18 cm de diamètre. Faites-les cuire l'un après l'autre, 4 mn sur **Maximum.** Attendez 5 mn avant de démouler. Laissez refroidir.

Coupez chaque gâteau en deux. Fourrez-les et décorez-les de framboises et de crème.

Pour 8 personnes

Savarin aux framboises

Crème d'ananas

1 boîte d'ananas en morceaux (500 g)
50 g de maïzena
3 cuillères à soupe de sucre en poudre
extrait de vanille
30 cl de crème fraîche fouettée

Égouttez l'ananas. Additionnez le sirop d'eau pour obtenir 50 cl de liquide. Versez-le dans un grand saladier, incorporez la maïzena et le sucre. Faites cuire 6 mn sur **Maximum,** en remuant souvent. Ajoutez quelques gouttes d'extrait de vanille et laissez refroidir.

Réservez 5 cuillères à soupe de crème et incorporez le reste au mélange précédent. Ajoutez ensuite l'ananas, en gardant quelques morceaux. Mettez au frais. Décorez de crème fouettée et de morceaux d'ananas.

Pour 4 personnes

Mousse au chocolat

125 g de chocolat noir
15 g de beurre ramolli
4 œufs, blancs et jaunes séparés
1 cuillère à soupe de rhum
GARNITURE :
10 cl de crème fraîche fouettée
25 g de chocolat râpé

Cassez le chocolat en morceaux dans un bol avec le beurre. Faites fondre 2 mn sur **Maximum,** en remuant à mi-cuisson. Ajoutez les jaunes d'œufs battus et le rhum. Incorporez les blancs battus en neige ferme. Versez la mousse dans 4 à 6 ramequins individuels, et laissez refroidir.

Décorez de crème fouettée et de chocolat râpé.

Pour 4 à 6 personnes

Pommes au four

4 pommes à cuire, évidées
4 cuillères à soupe de fruits secs hachés mélangés avec 1 cuillère à soupe de confiture
4 cuillères à soupe de jus de pommes

Piquez les pommes et disposez-les en rond sur un plat.

Remplissez le centre de fruits secs et arrosez de jus de pommes. Couvrez et faites cuire sur **Maximum** 7 à 9 mn, jusqu'à ce que les pommes soient tendres. Couvrez et laissez en attente 5 mn.

Servez avec de la crème fouettée.

Pour 4 personnes

Croquants aux abricots

50 g de beurre
50 g de sucre roux
50 g de flocons d'avoine
50 g de farine
1 boîte de confiture d'abricots (400 g)
1 cuillère à soupe de cassonade
2 cuillères à soupe de noisettes pilées

Faites fondre le beurre dans un bol sur **Maximum** pendant 45 à 60 s. Incorporez le sucre et les flocons d'avoine. Mettez au four 2 mn sur **Maximum.**

Ajoutez la farine au mélange précédent en le cassant avec un couteau, jusqu'à ce qu'il ait la consistance d'une chapelure grossière.

Versez la confiture d'abricots dans le fond d'une tourtière beurrée de 1 l et couvrez avec la préparation. Ajoutez la cassonade et les noisettes pilées. Faites cuire sur **Maximum** 8 à 10 mn en tournant le plat à mi-cuisson.
Pour 4 personnes

Gâteau de Savoie

125 g de beurre
125 g de sucre en poudre
2 œufs battus
125 g de farine
1 cuillère à café de levure
1 cuillère à soupe d'eau chaude
3 cuillères à soupe de confiture

Faites une pâte légère et onctueuse avec le beurre et le sucre. Incorporez les œufs battus, puis la farine, la levure et l'eau.

Étalez la confiture au fond d'un moule à charlotte tapissé de film alimentaire et chauffez 30 s sur **Maximum.** Versez la pâte sur la confiture, couvrez et remettez au four sur **Maximum** pendant 6 mn. Laissez en attente 5 mn avant de démouler.
Pour 4 à 6 personnes

Gâteau de Savoie ; croquants aux abricots

Gâteau marbré au café

125 g de farine
1 cuillère à café de levure chimique
125 g de beurre ramolli
125 g de sucre en poudre
2 œufs battus
1 cuillère à soupe de lait
3 cuillères à café de café instantané
12 cl d'eau chaude
GARNITURE :
1 kiwi coupé en lamelles
1 nectarine coupée en lamelles
quelques fraises coupées en tranches
quelques grains de raisin épépinés
15 cl de crème fraîche fouettée

Dans une jatte, mélangez la farine, la levure, le beurre, le sucre, les œufs et le lait ; battez bien.

Versez ce mélange dans un moule couronne de 24 cm de diamètre, tapissé de film alimentaire et faites cuire sur **Maximum** 4 mn. Laissez en attente 2 à 3 mn, puis démoulez le gâteau sur une grille. Laissez refroidir.

Délayez le café et l'eau dans une petite jatte et mettez au four sur **Maximum** 1 mn.

Remettez le gâteau dans le moule et versez dessus le café. Laissez-le s'en imbiber pendant 30 mn.

Placez le gâteau sur un plat de service et remplissez le centre avec les fruits. A l'aide d'une douille, décorez le pourtour avec la crème fouettée.
Pour 6 à 8 personnes

DESSERTS

Un congélateur bien garni de crèmes glacées, de parfaits, de sorbets, de granités, est sans doute suffisant pour des desserts rapides, mais un choix de fruits frais, un réfrigérateur judicieusement organisé et une réserve de desserts instantanés vous permettront de réaliser les recettes de ce chapitre. Certains peuvent être exécutés en un instant pour une consommation immédiate tandis que d'autres demandent quelques minutes de préparation réparties sur deux ou trois jours pour cuire, refroidir, glacer, congeler.

Quelques œufs, une cuillère ou deux de fruits cuits ou en conserve, du chocolat et un rien de rhum suffisent pour préparer des colettes au rhum, des blancs d'œufs fouettés avec du sucre et des noix feront de délicieuses meringues aux noix. Une coupe de fruits d'été peut vous donner envie de préparer des desserts comme le dessert estival, une mousse de fruits frais ou des ramequins aux groseilles ; tandis qu'en hiver vous choisirez entre une crème caramel aux fruits, une salade d'oranges ou des bananes au four.

Des noix, des fruits secs, confits ou en conserve, un choix de sucres, d'épices et de chocolats vous permettront de préparer un pudding aux dattes et au citron, des tulipes au chocolat, une coupe forêt-noire, un gâteau au citron vert.

Décorez vos desserts avec des triangles, des copeaux et des feuilles en chocolat tout prêts, des noix entières ou coupées fin, des zestes d'agrumes, de la menthe, une tranche de fruit, une sauce au chocolat, un coulis de fruits, et terminez par un biscuit croustillant ou une gaufrette.

Omelette soufflée

4 cuillères à soupe de framboises
4 œufs, blancs et jaunes séparés
2 cuillères à soupe de sucre en poudre
2 cuillères à soupe d'eau
1 pincée de sel
POUR TERMINER :
quelques framboises
sucre glace

Répartissez les framboises dans un plat à four beurré. Mélangez les jaunes d'œufs et le sucre ; quand cela commence à blanchir, incorporez l'eau.

Salez les blancs d'œufs et battez-les en neige très ferme, puis incorporez-les aux jaunes d'œufs. Versez le tout sur les framboises et faites cuire 15 à 20 minutes dans un four préchauffé à 180°.

Disposez les framboises fraîches au centre et saupoudrez de sucre glace. Servez aussitôt.
Pour 2 personnes

Ramequins aux groseilles

250 g de groseilles à maquereau
25-50 g de sucre
150 g de yaourt
2 cuillères à soupe de poudre de noisettes
1 cuillère à soupe de sucre roux

Mettez les fruits dans une casserole avec le sucre. Laissez cuire doucement jusqu'à ce que le jus sorte, puis couvrez et laissez mijoter, jusqu'à ce que les groseilles soient tendres. Répartissez-les dans des ramequins et laissez-les refroidir.

Recouvrez-les de yaourt, auquel vous aurez incorporé les noisettes, et mettez le tout à glacer au réfrigérateur.

Juste avant de servir, saupoudrez de sucre roux et passez 1 à 2 minutes sous le gril.
Pour 2 personnes

DESSERTS

Pudding aux dattes et au citron

3 tranches de pain complet, la croûte ôtée, beurrées
40 g de dattes, dénoyautées et hachées
1 œuf
2 cuillères à soupe de sucre roux
1 cuillère à café de zeste de citron
1/4 cuillère à café de cannelle
30 cl de lait

Disposez les tranches de pain dans une terrine beurrée. Répartissez dessus les dattes.

Battez l'œuf avec 1 cuillère à soupe de sucre roux, le zeste de citron et la cannelle. Faites chauffer le lait, sans bouillir, puis versez-le sur le mélange d'œuf.

Passez cette crème au-dessus de la terrine, laissez reposer 10 à 15 minutes. Faites cuire au bain-marie 25 à 30 minutes, dans un four préchauffé à 180° ; la crème doit être juste prise. Saupoudrez du reste de sucre roux.

Pour 2 personnes

Compote de pommes meringuée

250 g de pommes émincées
2 cuillères à café de miel
1/4 cuillère à café de cannelle
1/4 cuillère à café de muscade râpée
1 cuillère à soupe d'eau
1 œuf, blanc et jaune séparés
25 g de sucre en poudre

Faites chauffer doucement les pommes, le miel, la cannelle, la muscade et l'eau, dans une casserole, pendant 15 minutes.

Réduisez en purée. Ajoutez en battant le jaune d'œuf, puis versez le tout dans un plat à four beurré.

Battez les blancs en neige très ferme, puis incorporez-y en battant la moitié du sucre. Incorporez-y le reste de sucre et étalez sur les pommes. Faites cuire 10 à 15 minutes dans un four préchauffé à 180°.

Pour 2 personnes

Banana-split sauce chocolat

2 bananes
4 cuillères à soupe de glace à la vanille
4 cuillères à soupe de crème fouettée
2 cuillères à café de noix hachées
1 cerise confite coupée en deux
SAUCE :
15 g de chocolat à croquer
1 cuillère à soupe d'eau chaude
50 g de sucre roux
1 cuillère à soupe de miel
2-3 gouttes d'essence de vanille

Coupez les bananes en deux dans le sens de la longueur et répartissez la glace entre les deux moitiés, sur deux assiettes. Décorez avec la crème fouettée, les noix et la cerise.

Pour la sauce, faites fondre le chocolat et l'eau au bain-marie. Mettez la casserole sur le feu et ajoutez le sucre roux et le miel. Laissez chauffer doucement, tout en tournant, jusqu'à ce que le sucre soit dissous. Portez à ébullition, puis laissez bouillir 3-4 minutes sans tourner. Retirez du feu et ajoutez la vanille.

Versez la sauce sur les bananes ou bien servez-la à part.

Pour 2 personnes

A GAUCHE : *omelette soufflée ; ramequins aux groseilles*
A DROITE : *banana-split sauce chocolat*

DESSERTS

Tulipes au chocolat

TULIPES :
40 g de farine tamisée
75 g de sucre en poudre
3 blancs d'œufs
25 g de beurre fondu
CRÈME AU CHOCOLAT :
125 g de chocolat à croquer râpé
15 cl de crème fraîche
220 g de purée de marrons
1 cuillère à soupe de sucre en poudre
2 cuillères à soupe de cognac
POUR DÉCORER :
8 triangles en chocolat ou feuilles en chocolat (page 103)

Mélangez la farine et le sucre dans une jatte. Ajoutez en fouettant les blancs d'œufs et le beurre. Répartissez des cuillères à soupe du mélange sur une plaque non adhésive et étalez-les en huit cercles de 14 cm.

Faites cuire 8 à 10 minutes au four (190°) jusqu'à ce que les bords dorent.

Laissez refroidir légèrement, puis retirez avec une spatule. Moulez chaque cercle sur le fond d'un verre. Laissez durcir, puis retirez délicatement les tulipes obtenues.

Dans une petite casserole, faites fondre le chocolat avec la crème à feu doux, laissez refroidir.

Passez au mixeur la purée de marrons, le sucre, le chocolat et le cognac.

Versez le mélange dans une poche munie d'une douille cannelée et pressez dans les tulipes. Décorez avec un triangle ou une feuille en chocolat.

Pour 8 personnes

Note : les tulipes et la crème au chocolat peuvent être faits un jour à l'avance. Conservez les tulipes dans une boîte métallique hermétique et la crème au chocolat dans le réfrigérateur.

Mousse au chocolat

80 g de chocolat noir en morceaux
3 œufs, blancs et jaunes séparés
3 cuillères à soupe de crème fouettée
chocolat râpé pour décorer

Faites fondre le chocolat au bain-marie, puis incorporez-lui les jaunes d'œufs.

Battez les blancs en neige très ferme et incorporez-les délicatement au chocolat. Répartissez le mélange dans 4 ramequins et laissez prendre au réfrigérateur.

Disposez une rosette de crème au centre de chacun et décorez avec du chocolat râpé (en utilisant un éplucheur).

Pour 4 personnes

Mousse de chocolat à l'orange

50 g de chocolat à croquer
un peu de beurre
zeste râpé et jus de 1/2 orange
1 œuf, blanc et jaune séparés
4 cuillères à soupe de crème fraîche fouettée
chocolat râpé pour décorer

Faites fondre le chocolat au bain-marie. Hors du feu ajoutez le beurre, le zeste et le jus d'orange, le jaune d'œuf. Battez jusqu'à ce que cela soit bien homogène. Laissez refroidir.

Incorporez la crème fouettée, puis le blanc d'œuf battu en neige très ferme. Versez dans des coupes individuelles et mettez à glacer au réfrigérateur toute une nuit.

Décorez avec du chocolat râpé avant de servir (en utilisant un éplucheur).

Pour 2 personnes

Tulipes au chocolat

Sabayon au chocolat

125 g de chocolat à croquer en morceaux
3 cuillères à soupe de rhum
30 cl de crème fraîche fouettée
2 blancs d'œufs
chocolat râpé pour décorer

Dans une petite casserole, faites chauffer à feu doux le chocolat et le rhum. Tournez, puis laissez refroidir.

Battez la crème dans le chocolat fondu. Battez les blancs d'œufs en neige très ferme, puis incorporez-les délicatement au mélange.

Répartissez dans des coupes individuelles et saupoudrez de chocolat râpé.

Pour 4 à 6 personnes

Crème au whisky

30 cl de crème fraîche
250 g de chocolat à croquer râpé
3 jaunes d'œufs
3 cuillères à soupe de whisky
POUR TERMINER :
1 blanc d'œuf
15 cl de crème fraîche fouettée
8 feuilles de rose en chocolat (page 103)

Dans une casserole, portez la crème à ébullition. Passez-la au mixeur 30 secondes avec le chocolat et les jaunes. Ajoutez le whisky et mixez 10 secondes. Répartissez dans des coupes individuelles et laissez prendre au frais.

Battez le blanc en neige ferme. Incorporez-le à la crème, répartissez sur les coupes et décorez avec les feuilles.

Pour 8 personnes

Colettes au rhum

175 g de chocolat à croquer fondu
GARNITURE AU RHUM :
2 œufs, blancs et jaunes séparés
1 cuillère à soupe de rhum
50 g de chocolat à croquer fondu
POUR DÉCORER :
copeaux de chocolat

Coulez le chocolat fondu sur le fond et les parois de 8 caissettes en papier pour petits gâteaux. Laissez prendre au frais, puis retirez délicatement le papier pour obtenir 8 caissettes en chocolat (dites colettes).

Pour la garniture, mélangez les jaunes d'œufs et le rhum avec le chocolat fondu. Battez les blancs en neige ferme et incorporez-les délicatement au mélange. Répartissez la garniture dans les colettes en chocolat. Mettez à glacer et décorez avec les copeaux.

Pour 8 personnes

A GAUCHE : *sabayon au chocolat ; crème au whisky*
A DROITE : *gâteau chiffon ;*
crème au chocolat au Grand-Marnier

Gâteau chiffon

75 g de beurre fondu
250 g de macarons écrasés
25 g de cassonade
GARNITURE :
25 cl de lait
200 g de chocolat à croquer en morceaux
2 œufs, blancs et jaunes séparés
15 g de gélatine trempée dans 3 cuillères à soupe d'eau froide
75 g de sucre en poudre
15 cl de crème fraîche fouettée
POUR TERMINER :
15 cl de crème fraîche fouettée
triangles en chocolat

Mélangez le beurre, les macarons et la cassonade, et pressez le tout sur le fond amovible d'un moule à tarte de 24 cm de diamètre. Laissez durcir au réfrigérateur.

Pendant ce temps, faites fondre le chocolat avec le lait dans une casserole à feu doux. Portez à ébullition, puis versez sur les jaunes d'œufs et mélangez. Reportez sur le feu, ajoutez la gélatine et tournez jusqu'à épaississement. Laissez reposer.

Battez les blancs en neige ferme, puis fouettez-y le sucre.

Fouettez le mélange de chocolat dans la crème, puis incorporez les blancs. Versez dans le moule et lissez la surface. Laissez prendre au frais, puis démoulez.

Décorez de crème fouettée et de triangles de chocolat.

Pour 6 à 8 personnes

Crème au chocolat au Grand-Marnier

15 g de gélatine
zeste râpé et jus de 1 orange
3 cuillères à soupe de maïzena
60 cl de lait
2 cuillères à soupe de sucre en poudre
175 g de chocolat à croquer en morceaux
15 cl de crème fraîche fouettée
2 cuillères à soupe de Grand-Marnier
POUR DÉCORER :
6 cuillères à soupe de crème fouettée

Faites tremper la gélatine dans le jus d'orange. Délayez la maïzena avec un peu de lait et portez le reste à ébullition.

Mélangez le lait chaud avec la maïzena, reportez sur le feu, ajoutez le sucre et tournez 2-3 minutes. Ajoutez en tournant le chocolat, le zeste d'orange, la gélatine. Laissez refroidir, en tournant de temps en temps.

Incorporez la crème, le Grand-Marnier, puis versez dans un moule à décor légèrement beurré. Laissez prendre au frais.

Démoulez sur un plat et décorez de crème fouettée.

Pour 4 à 6 personnes

Dessert chocolat et abricots

2 tranches fines de gâteau roulé au chocolat
4 abricots en conserve coupés en deux
4 cuillères à soupe de yaourt à l'abricot
4 cuillères à soupe de crème fouettée
chocolat râpé pour décorer

Posez les tranches de gâteau dans des coupes individuelles. Égouttez les abricots et utilisez un peu de leur jus pour humidifier le gâteau. Émincez les fruits et posez-les sur le gâteau.

Incorporez le yaourt à la crème, nappez-en les abricots et décorez avec le chocolat râpé. Servez glacé.
Pour 2 personnes

Dessert aux cassis

125 g de cassis frais
25 g de sucre cristallisé
zeste râpé et jus de 1/2 citron
1 cuillère à soupe de liqueur de cassis
10 cl de crème fraîche
1 cuillère à soupe de sucre en poudre

Laissez cuire doucement les cassis, le sucre cristallisé, le zeste et le jus de citron, pendant 5 minutes. Passez au mixeur, ajoutez la liqueur de cassis.

Fouettez la crème, le sucre en poudre et la moitié de la purée de cassis dans une jatte, jusqu'à ce que le mélange soit ferme.

Répartissez le reste de purée de cassis dans des coupes individuelles, puis versez dessus le mélange de crème fouettée. Mettez à glacer au réfrigérateur avant de servir.
Pour 2 personnes
Note : d'autres fruits peuvent être utilisés pour cette préparation. Changez l'alcool en conséquence.

DESSERTS

Crème abricot et banane

50 g d'abricots secs
2 bananes mûres
1 cuillère à café de jus de citron
4 cuillères à soupe de crème fraîche
2 cuillères à soupe de yaourt nature
2 cuillères à café de miel
2 cerneaux de noix pour décorer

Mettez les abricots dans une jatte, couvrez-les d'eau, et laissez-les tremper quelques heures ; égouttez-les.

Passez les bananes au mixeur avec les abricots, le jus de citron, la crème, le yaourt et le miel.

Répartissez la crème obtenue dans des coupes individuelles et mettez à glacer avant de servir. Décorez avec les cerneaux de noix.

Pour 2 personnes

Mousse aux fraises

500 g de fraises fraîches ou décongelées
50 g de sucre en poudre
4 cuillères à soupe d'eau
15 g de gélatine
30 cl de crème fraîche
2 blancs d'œufs
POUR SERVIR :
coulis de framboises (voir encadré ci-dessous)

Passez les fraises et le sucre au mixeur.

Mettez l'eau dans une casserole avec la gélatine, et faites chauffer jusqu'à ce que la gélatine soit dissoute. Ajoutez-la aux fraises, puis incorporez la crème fraîche.

Battez les blancs d'œufs en neige et incorporez-les au mélange. Répartissez dans 4 ramequins et mettez à glacer au réfrigérateur.

Démoulez sur un plat de service et nappez de coulis de framboises.

Pour 4 personnes

Coulis de fruits

Ils sont rapides et faciles à préparer. Passez au mixeur 250 g de framboises ou de fraises avec 25 g de sucre en poudre. Servez chaud ou froid.

A GAUCHE : *dessert chocolat et abricots ; dessert au cassis*
A DROITE : *dessert estival*

Dessert estival

4 cuillères à soupe d'eau
25 g de sucre
180 g de prunes rouges dénoyautées, émincées
125 g de framboises
4 cuillères à soupe de crème fraîche
2 cuillères à café de sucre roux

Chauffez doucement l'eau et le sucre dans une casserole. Quand le sucre est dissous, augmentez le feu et laissez bouillir 2 minutes. Laissez refroidir, puis mettez au réfrigérateur.

Répartissez les rondelles de prunes et les framboises dans des coupes individuelles et nappez-les de sirop.

Répartissez dessus la crème et le sucre roux. Servez glacé.

Pour 2 personnes

DESSERTS

Compote de pommes croquante

250 g de pommes pelées, évidées et émincées
25 g de sucre
1 cuillère à café de jus de citron
1 cuillère à soupe d'eau
1/4 cuillère à café de cannelle
20 g de beurre
40 g de flocons d'avoine
1 cuillère à soupe de sucre roux
4 cuillères à soupe de crème fraîche
2 cuillères à café de lait
chocolat râpé

Mettez les pommes dans une casserole avec le sucre, le jus de citron, l'eau et la cannelle. Laissez cuire doucement jusqu'à ce que les fruits soient tendres. Écrasez avec une cuillère en bois pour obtenir de la pulpe, puis répartissez-la dans des coupes individuelles.

Faites fondre le beurre dans une casserole et ajoutez les flocons d'avoine et le sucre roux. Faites chauffer doucement, tout en remuant, jusqu'à ce que les flocons soient bien dorés ; laissez refroidir. Posez au centre de chaque coupe.

Fouettez la crème et le lait légèrement, et répartissez au centre des coupes, puis décorez avec du chocolat râpé.
Pour 2 personnes

Crème caramel aux fruits

1 banane coupée en rondelles
1 poire pelée, évidée et émincée
1 pincée de cannelle en poudre
zeste râpé et jus de 1/2 orange
1 cuillère à soupe d'eau
25 g de sucre
2 œufs battus
amandes grillées pour décorer

Mettez les fruits, la cannelle, le zeste et le jus d'orange dans une casserole, laissez mijoter 5 minutes, puis refroidir.

Chauffez doucement l'eau et le sucre dans une casserole. Quand le sucre est dissous, portez à ébullition et laissez bouillir, pour obtenir du caramel. Tapissez-en des ramequins beurrés.

Incorporez les œufs aux fruits et versez le tout dans les ramequins.

Faites cuire au bain-marie 25 à 30 minutes dans un four préchauffé à 150°.

Laissez au réfrigérateur toute une nuit. Démoulez juste avant de servir et saupoudrez d'amandes grillées.
Pour 2 personnes

Mousse aux fruits

500 g de framboises ou de fraises
1 cuillère à soupe d'eau
sucre en poudre
3 blancs d'œufs
amandes effilées grillées pour décorer

Passez les fruits et l'eau au mixeur. Versez dans une jatte et sucrez selon votre goût.

Battez les blancs d'œufs en neige très ferme, incorporez-leur 1 cuillère à soupe de sucre et fouettez-les encore. Incorporez à la purée de fruits, puis répartissez dans 4 coupes, décorez avec les amandes et laissez au frais jusqu'au moment de servir.
Pour 4 personnes

Compote de pommes croquante

DESSERTS

Bananes au four

4 grosses bananes (ou 8 petites) coupées en rondelles
jus de 2 oranges
2 fruits de la passion mûrs coupés en deux
sucre roux (facultatif)
rondelles d'orange pour décorer

Beurrez un plat à four creux et répartissez les bananes sur le fond. Versez le jus d'orange et pressez les fruits de la passion. Saupoudrez de sucre. Faites cuire 20 minutes, sans couvrir, au four (180°). Décorez avec les rondelles d'orange et servez chaud.
Pour 4 personnes
Note : vous pouvez remplacer les oranges par des clémentines ; il vous en faudra 3 ou 4.

Coupe Forêt-Noire

1 roulé au chocolat
3 cuillères à soupe de kirsch
1 boîte (420 g) de cerises noires égouttées et dénoyautées
3 jaunes d'œufs
1 cuillère à soupe de maïzena
25 g de sucre en poudre
50 cl de lait
1/4 cuillère à café d'essence d'amandes
15 cl de crème fraîche fouettée
cerises noires pour décorer (facultatif)

Coupez le roulé en tranches et disposez-les dans une coupe en verre. Arrosez de kirsch et répartissez dessus les cerises, en en conservant quelques-unes pour le décor.
　Travaillez en crème les jaunes d'œufs, la maïzena et le sucre. Portez le lait à ébullition et incorporez-le peu à peu aux jaunes d'œufs. Faites réchauffer doucement dans la casserole, sans cesser de tourner, jusqu'à ce que le mélange nappe le dos de la cuillère. Ajoutez l'essence d'amandes, versez sur les cerises et laissez refroidir.
　Étalez dessus les 3/4 de la crème fouettée. Avec une poche à douille pressez des rosettes de crème et achevez la décoration avec des cerises.
Pour 4 personnes

Dessert aux poires

1 poire pelée, évidée et émincée
1 pomme pelée, évidée et émincée
4 cuillères à soupe de cidre brut
25 g de sucre roux
1/4 cuillère à café de gingembre
3 tranches de pain d'épice, coupées en deux
6 cuillères à soupe de crème fraîche
2 cuillères à café de sucre glace
1 cuillère à soupe de noix hachées

Mettez la poire et la pomme dans une casserole et couvrez-les avec le cidre, le sucre roux et le gingembre. Laissez cuire doucement jusqu'à ce que les fruits soient tendres. Laissez refroidir.
　Disposez le gâteau dans des coupes individuelles, puis recouvrez-le des fruits et du jus de cuisson.
　Battez légèrement la crème et incorporez-lui le sucre glace. Répartissez sur les fruits et saupoudrez de noix. Mettez à glacer.
Pour 2 personnes

Coupe Forêt-Noire

Délices au café

30 cl de lait
1 cuillère à soupe de sucre en poudre
1 cuillère à café d'extrait de café
2 jaunes d'œufs battus avec 10 cl de lait
2 cerneaux de noix pour décorer

Mettez le lait, le sucre et le café dans une casserole. Amenez à ébullition. Retirez du feu et incorporez en tournant vivement les jaunes battus. Remettez à feu doux et tournez jusqu'à ce que la crème soit prise. Versez dans des coupes individuelles. Laissez refroidir.

Mettez quelques heures au réfrigérateur avant de servir. Décorez avec les cerneaux de noix.
Pour 2 personnes

Crème à la rhubarbe

250 g de rhubarbe coupée en morceaux
1 cuillère à soupe d'eau
zeste râpé de 1/2 orange
40 g de sucre
10 cl de crème fraîche fouettée
4 cuillères à soupe de yaourt à la fraise

Faites cuire doucement la rhubarbe dans une casserole avec l'eau, le zeste d'orange et le sucre, jusqu'à ce qu'elle soit tendre. Passez au mixeur.

Incorporez deux tiers de la crème fouettée dans la purée de rhubarbe, ainsi que le yaourt. Répartissez le mélange dans des coupes individuelles et décorez avec le reste de crème. Mettez au réfrigérateur avant de servir.
Pour 2 personnes

Cheesecake à l'orange

25 g de beurre
50 g de petits-beurre écrasés
GARNITURE :
110 g de petits-suisses
25 g de sucre en poudre
zeste râpé et jus de 1/2 orange
10 cl de crème fraîche fouettée
mandarines pour décorer

Faites fondre le beurre et faites-y dorer les petits-beurre. Répartissez ce mélange sur le fond et les bords d'un moule à tarte de 15 cm de diamètre. Mettez le moule au réfrigérateur jusqu'à ce que cela soit devenu bien ferme.

Mélangez les petits-suisses avec le sucre, le zeste et le jus d'orange, incorporez-y deux tiers de la crème, puis étalez ce mélange dans le moule.

Décorez avec le reste de crème et les quartiers de mandarine. Mettez au réfrigérateur avant de servir.
Pour 2 à 3 parts

Gâteau au citron vert

50 g de sucre roux
175 g de petits-beurre écrasés
50 g de beurre fondu
zeste râpé et jus de 3 citrons verts
15 g de gélatine dissoute dans 2 cuillères à soupe d'eau
2 œufs, blancs et jaunes séparés
quelques gouttes de colorant alimentaire vert (facultatif)
1 boîte (400 g) de lait concentré
POUR DÉCORER :
1 citron vert coupé en fines rondelles
crème fouettée

Mélangez bien le sucre roux et les biscuits dans le beurre fondu. Pressez ce mélange sur le fond amovible d'un moule à tarte de 20 cm de diamètre, puis mettez à glacer au réfrigérateur.

Ajoutez le jus de citron à la gélatine dissoute, puis incorporez en fouettant le zeste râpé, les jaunes d'œufs et le colorant. Incorporez peu à peu, en fouettant, le lait concentré. Laissez jusqu'à ce que cela commence à prendre, en tournant de temps en temps.

Battez les blancs d'œufs en neige très ferme et incorporez-les au mélange précédent. Répartissez sur le fond de tarte et laissez plusieurs heures au réfrigérateur.

Démoulez et décorez avec les rondelles de citron vert et la crème fouettée.

Pour 4 à 6 personnes

Charlotte au chocolat et au rhum

1 1/2 paquet de biscuits à la cuillère
4 cuillères à soupe de rhum
100 g de chocolat à croquer
75 g de sucre roux
125 g de beurre ramolli
2 œufs, blancs et jaunes séparés
POUR DÉCORER :
15 cl de crème fraîche fouettée
feuilles ou rouleaux en chocolat

Passez les gâteaux dans le rhum et garnissez-en la base et les côtés d'un moule à soufflé de 18 cm de diamètre, la partie sucrée vers l'extérieur.

Faites fondre le chocolat au bain-marie. Travaillez ensemble le sucre roux et le beurre, puis incorporez-les au chocolat encore chaud. Incorporez les jaunes d'œufs, puis les blancs d'œufs battus en neige très ferme. Versez dans le moule à soufflé et laissez 24 heures au réfrigérateur.

Avant de démouler la charlotte, coupez les biscuits à la hauteur de la garniture avec un couteau aiguisé. Démoulez la charlotte sur un plat de service et décorez avec la crème fouettée et les feuilles en chocolat.

Pour 4 à 6 personnes

Yaourt aux fruits secs

600 g de yaourt maigre nature
100 g de fruits secs mélangés coupés fin (abricot, pommes, pruneaux, etc.)
1/2 cuillère à café de cannelle

Mélangez tous les ingrédients dans une jatte et laissez au moins 3 heures au réfrigérateur.

Pour 4 personnes

A GAUCHE : *délices au café ; crème à la rhubarbe ; cheesecake à l'orange*
A DROITE : *charlotte au chocolat et au rhum*

DESSERTS

Bûche au gingembre

24 biscuits à la cuillère
4 cuillères à soupe de rhum
45 cl de crème fraîche
1 1/2 cuillère à café de gingembre moulu
2 cuillères à soupe de sucre glace
gingembre confit pour décorer

Disposez les biscuits dans un plat creux et arrosez-les avec le rhum. Laissez-les complètement s'imbiber.

Fouettez la crème avec le gingembre moulu et le sucre.

Répartissez les deux tiers de la crème entre les biscuits et formez une bûche que vous poserez sur un plat de service et que vous recouvrirez du reste de crème. Décorez avec le gingembre confit, émincé.

Pour 4 personnes

Mousse au porto

30 cl de crème fraîche
400 g de prunes dénoyautées
4 cuillères à soupe de porto
50 g de sucre roux
vanille en poudre
noix hachée pour décorer

Fouettez la crème jusqu'à ce qu'elle soit ferme. Hachez menu les prunes et incorporez-les à la crème, ainsi que le porto, le sucre roux et une pincée de vanille.

Répartissez ce mélange dans des coupes et mettez à glacer. Décorez avec les noix avant de servir.

Pour 4 personnes

Mont-Blanc aux meringues

15 cl de crème fraîche
1 boîte (220 g) de crème de marrons
2 cuillères à soupe de Grand-Marnier
8 meringues rondes
amandes effilées et grillées, pour décorer

Fouettez la crème jusqu'à ce qu'elle soit ferme, puis incorporez-en la moitié dans la crème de marrons avec le Grand-Marnier.

Répartissez ce mélange sur les meringues, puis disposez dessus le reste de crème et décorez avec les amandes. Servez aussitôt.

Pour 4 personnes

Meringues glacées

25 g de chocolat à croquer râpé
4 portions de glace à la vanille pas trop dure
8 meringues rondes
4 cuillères à soupe de crème de menthe
chocolat râpé pour décorer (facultatif)

Incorporez les morceaux de chocolat dans la glace et répartissez celle-ci sur les meringues. Versez dessus la crème de menthe et décorez avec le chocolat râpé. Servez aussitôt.
Pour 4 personnes
Variante : vous pouvez remplacer le chocolat à croquer par des bâtonnets de chocolat à la menthe.

A GAUCHE : *bûche au gingembre ; mousse au porto ; Mont-Blanc aux meringues*
A DROITE : *meringues glacées ; pêches brésiliennes*

Pêches brésiliennes

1 boîte (200 g) de pêches en tranches égouttées
4 cuillères à soupe de Grand-Marnier
75 g de sucre en poudre
2 cuillères à soupe d'eau
75 g d'amandes effilées et grillées
4 portions de glace au café

Répartissez les tranches de pêche dans 4 coupes individuelles, versez dessus la liqueur et mettez-les de côté.

Versez le sucre et l'eau dans une petite casserole, faites chauffer à feu doux, puis laissez bouillir 3 à 4 minutes, pour obtenir un caramel légèrement doré. Incorporez-y aussitôt les amandes et versez sur une plaque huilée. Laissez refroidir, puis cassez ce praliné en morceaux.

Disposez une portion de glace dans chaque coupe et répartissez dessus le praliné. Servez aussitôt.
Pour 4 personnes

DESSERTS

Gâteau aux mûres

150 g de petits-suisses
150 g de yaourt nature
2 gouttes de vanille liquide
2 cuillères à soupe de miel
2 cuillères à café de jus de citron
1 fond de tarte de 15-18 cm de diamètre
125 g de mûres

Battez les petits-suisses et le yaourt. Quand le mélange est lisse, ajoutez la vanille, le miel, le jus de citron et battez encore.

Posez le mélange au centre du fond de tarte et recouvrez-le avec les mûres. Mettez à glacer avant de servir.

Pour 4 personnes

Salade d'oranges

6 oranges moyennes ou 4 grosses
50 g de dattes fraîches coupées grossièrement
25 g d'amandes effilées
2 cuillères à soupe de sucre
jus de 2 citrons
cannelle en poudre

Pelez et coupez les oranges en tranches, en ôtant les pépins. Disposez-les dans un plat de service avec les dattes et les amandes.

Mélangez le sucre et le jus de citron, et versez sur les fruits. Mettez à glacer 2 heures avant de servir.

Saupoudrez de cannelle et accompagnez de crème si vous le désirez.

Pour 4 personnes

A GAUCHE : *gâteau aux mûres ; salade d'oranges*
A DROITE : *gâteau aux poires ; crème écossaise*

Gâteau aux poires

1 gâteau de Savoie (200 g environ), coupé en tranches
1 boîte (200 g) de poires en quartiers
6 cuillères à soupe de rhum
30 cl de crème anglaise froide
15 cl de crème fraîche
1-2 cuillères à café de sucre glace
amandes effilées, grillées, pour décorer

Disposez dans une jatte de service la moitié du gâteau.

Égouttez les poires et mettez de côté 2 cuillères à soupe de jus. Mélangez le rhum avec ce jus et versez-en la moitié sur le gâteau. Posez dessus les poires et couvrez-les avec le reste de gâteau. Ajoutez le reste de jus.

Répartissez dessus la crème anglaise. Fouettez la crème fraîche avec le sucre glace et répartissez-la sur la crème anglaise, puis saupoudrez d'amandes.

Pour 4 personnes

Crème écossaise

3 cuillères à soupe de confiture au gingembre
25 cl de crème fraîche
3 cuillères à soupe de sucre en poudre
2 cuillères à soupe de whisky
2 cuillères à soupe de jus de citron
2 blancs d'œufs, battus en neige très ferme
sucre roux

Répartissez la confiture entre 4 coupes.

Fouettez la crème jusqu'à ce qu'elle soit ferme, puis incorporez-lui le sucre, le whisky et le jus de citron, tout en continuant de fouetter. Incorporez au mélange les blancs d'œufs.

Répartissez ce mélange dans les coupes et saupoudrez le dessus d'un peu de sucre roux pour décorer.

Pour 4 personnes

DESSERTS

Pommes dorées ; oranges fourrées ; dessert à l'orange

Oranges fourrées

2 grosses oranges
1 pomme épluchée et hachée
1 cuillère à soupe de raisins secs
1 cuillère à soupe de dattes hachées
1 cuillère à soupe de poudre de noisettes
1 cuillère à soupe de sucre roux
10 cl de crème fraîche
1 cuillère à café de sucre glace

Coupez les oranges en deux et ôtez délicatement leur chair, sans abîmer l'écorce. Mettez les écorces de côté.

Coupez la chair en petits morceaux, ôtez les pépins et mélangez-la dans une jatte avec la pomme, les raisins, les dattes, les noisettes et le sucre roux. Répartissez ce mélange dans les écorces.

Fouettez la crème avec le sucre glace et répartissez-la sur les oranges. Mettez à glacer avant de servir.

Pour 4 personnes

Dessert à l'orange

4 biscuits à la cuillère coupés en morceaux
2 cuillères à soupe de Cointreau
2 oranges
3 cuillères à soupe de zeste de citron
jus de 1 citron
2 blancs d'œufs
4 écorces de citron pour décorer

Mettez les biscuits dans 4 coupes individuelles et versez dessus le Cointreau.

Pelez les oranges, ôtez les pépins et coupez-les grossièrement. Répartissez-les sur les gâteaux.

Mettez le zeste et le jus de citron dans une jatte. Battez les blancs d'œufs en neige très ferme et incorporez-les dans la jatte. Répartissez dans les coupes.

Décorez avec les écorces de citron et mettez à glacer avant de servir.

Pour 4 personnes

Pommes dorées

2 grosses pommes pelées, évidées et hachées
50 g de sucre roux
50 g de beurre
jus de 1/2 citron
2 tranches de pain rassis, la croûte ôtée, coupées en cubes
4 cuillères à soupe de crème fraîche, légèrement fouettée

Saupoudrez les pommes de sucre roux et mélangez bien.

Faites fondre la moitié du beurre dans une poêle et faites-y revenir rapidement les pommes. Transférez-les sur un plat de service chaud, à l'aide d'une écumoire. Saupoudrez de jus de citron et tenez au chaud.

Faites fondre le reste de beurre dans la poêle et faites-y dorer les cubes de pain.

Ajoutez-les aux pommes et mélangez bien. Servez aussitôt avec la crème fouettée.

Pour 4 personnes

DESSERTS

Melon à l'orange

1/2 melon
1 orange
quelques feuilles de menthe ciselées
feuilles de menthe pour décorer

Épépinez le melon et coupez la chair en morceaux.

Râpez le zeste de l'orange et ajoutez-le au melon. Pelez l'orange à vif et coupez-la en quartiers. Ajoutez au melon ainsi que la menthe ciselée. Mélangez bien, puis répartissez dans des coupes individuelles. Mettez à glacer avant de servir.

Décorez avec des feuilles de menthe et servez avec de la glace.
Pour 2 personnes

Melon à l'orange

Poires en gratin

1 kg de poires mûres, pelées, évidées et coupées en deux
1/2 cuillère à café de gingembre en poudre
sucre roux
crème fraîche pour servir (facultatif)
POUR GRATINER :
75 g de beurre
175 g de farine complète
1 cuillère à soupe de chapelure
2 cuillères à soupe de sucre roux

Faites pocher les poires dans un peu d'eau avec le gingembre et du sucre roux selon votre goût, 10 à 15 minutes.

Pendant ce temps, mélangez du bout des doigts le beurre et la farine pour que cela soit grumeleux.

Incorporez la chapelure et le sucre.

A l'aide d'une écumoire, disposez les poires dans un moule beurré. Versez dessus 2 cuillères à soupe du jus de cuisson et couvrez avec le mélange précédent en faisant un trou au centre. Faites cuire 15 minutes au four (200°). Servez chaud, accompagné de crème fraîche si vous le souhaitez.
Pour 4 à 6 personnes

Pommes fourrées à la mangue

4 pommes évidées
1 mangue hachée
cassonade selon votre goût
15 cl d'eau bouillante

Faites une incision circulaire au centre de chaque pomme et posez-les dans un plat à four creux. Garnissez les centres avec les morceaux de mangue et saupoudrez de cassonade. Versez l'eau dans le plat.

Faites cuire 25 à 30 minutes au four (180°). Servez chaud.
Pour 4 personnes

Glace à la vanille

4 œufs, jaunes et blancs séparés
125 g de sucre glace
15 cl de crème fraîche épaisse
15 cl de crème fleurette ou légère
essence de vanille

Battez les jaunes d'œufs. Fouettez les blancs en neige molle, puis incorporez le sucre glace, cuillère par cuillère, jusqu'à ce que le mélange soit ferme. Fouettez les crèmes ensemble jusqu'à ce qu'elles tiennent. Ajoutez aux blancs d'œufs, ainsi que les jaunes. Parfumez avec l'essence de vanille. Transférez dans une boîte de congélation, couvrez et laissez prendre.

Passez la glace 5 à 10 minutes à température ambiante avant de l'utiliser.

Pour 1,5 litre de glace
Variantes :
Glace à la fraise ou à la framboise : supprimez la vanille et procédez comme ci-dessus. Écrasez au tamis 175 g de fraises ou de framboises ; sinon, travaillez les fruits au mixeur et passez la purée obtenue au tamis. Il vous faut 15 cl de purée. Ajoutez-la au mélange dès que vous aurez incorporé les jaunes. Tranférez dans une boîte de congélation et laissez prendre comme ci-dessus.

Glace au chocolat

125 g de chocolat noir en petits morceaux
2 cuillères à soupe d'eau tiède
4 jaunes d'œufs
80 g de sucre semoule
40 cl de crème fraîche, fouettée

Dans une casserole, faites fondre le chocolat avec l'eau, à feu doux, jusqu'à ce qu'il soit bien onctueux.

Dans une jatte, battez les jaunes et le sucre pour obtenir un mélange crémeux et incorporez le chocolat. Placez la jatte au bain-marie et tournez jusqu'à ce que la préparation commence à épaissir. Laissez tiédir et incorporez la crème.

Versez dans une boîte de congélation et faites prendre. Au bout d'une heure, remuez et remettez au congélateur.
Pour 1,5 litre

Charlotte rubannée (recette page 132) ;
pavé chocolat-nougatine (recette page 127) ;
glaces à la vanille, au chocolat et à la fraise

DESSERTS

Ananas glacé

1/2 ananas frais
1-2 cuillères à soupe d'eau
50 g de sucre glace tamisé
feuilles de menthe pour décorer

Coupez la chair de l'ananas en morceaux et retirez la partie centrale ; réservez l'écorce. Passez la chair au mixeur avec un peu d'eau, et incorporez-y le sucre glace.

Mettez-la dans l'écorce, couvrez et laissez au congélateur jusqu'à ce que cela soit ferme.

Transférez dans le réfrigérateur 20 minutes avant de servir. Décorez avec des feuilles de menthe.

Pour 2 personnes

Pavé chocolat-nougatine

125 g de beurre
125 g de chocolat noir cassé en morceaux
125 g de biscuits sablés émiettés
50 g d'amandes mondées et pilées
1,5 litre de glace à la vanille (page 126)
BASE :
150 g d'amandes effilées
50 g de sucre semoule
POUR DÉCORER :
15 cl de crème fraîche épaisse, fouettée avec 1 cuillère à soupe de sucre glace
quelques amandes effilées et grillées

Dans une casserole placée sur feu doux, faites fondre le beurre avec le chocolat. Retirez du feu pour ajouter les sablés émiettés et les amandes. Transférez sur une tôle beurrée et laissez durcir. Cassez en petits fragments.

Faites ramollir la glace légèrement ; incorporez la « nougatine » au chocolat. Couvrez et remettez au congélateur, pendant que vous préparez la base.

Mettez les amandes et le sucre dans une jatte ; remuez bien. Faites chauffer une grande poêle jusqu'à ce qu'elle soit brûlante et jetez-y les amandes et le sucre. Remuez constamment, sur feu très vif, pour que le mélange dore et caramélise. Versez sur la tôle beurrée. Laissez durcir et broyez. Répartissez ce praliné sur la glace, en appuyant bien. Couvrez et remettez à prendre.

Plongez le moule dans de l'eau chaude pour décoller la glace. Démoulez sur un plat long rafraîchi, 30 minutes avant de servir. Décorez le pavé de crème fouettée, incrustée d'amandes. Laissez ramollir au réfrigérateur avant de couper en tranches.

Pour 8 personnes

Glace à la menthe et au chocolat

3 œufs
75 g de sucre en poudre
30 cl de lait
30 cl de crème fraîche fouettée
3 cuillères à soupe de crème de menthe
50 g de petits morceaux de chocolat noir

Fouettez les œufs et le sucre dans une jatte au bain-marie jusqu'à ce qu'ils soient blancs et mousseux. Amenez le lait à ébullition et versez-le sur les œufs ; continuez de tournez au bain-marie jusqu'à ce que cela épaississe. Retirez du feu et laissez refroidir.

Incorporez au mélange la crème fouettée, puis la crème de menthe. Versez dans une boîte congélation, couvrez et laissez 4 à 5 heures au congélateur ; il doit y avoir environ 5 cm de glace solide tout autour des bords.

Passez au mixeur, ajoutez les morceaux de chocolat et repassez au mixeur 5 à 10 secondes. Remettez au congélateur pour durcir.

Transférez au réfrigérateur 20 à 30 minutes avant de servir. Servez dans des coupes.

Pour 4-6 personnes

Glace à la menthe et au chocolat

Bombe rose

125 g de meringue
40 cl de crème fraîche épaisse
1 cuillère à soupe de cognac
sucre glace
450 g de mûres équeutées
200 g de framboises équeutées
POUR DÉCORER :
15 cl de crème fraîche épaisse, fouettée
200 g de framboises équeutées
feuilles en chocolat (page 103)

Cassez grossièrement la meringue. Fouettez la crème fraîche jusqu'à ce qu'elle tienne sur le fouet. Aromatisez-la avec cognac et sucre glace. Ajoutez les fruits et les morceaux de meringue. Mettez dans un moule à charlotte de 1 litre, couvrez hermétiquement et placez au congélateur pour raffermir.

Plongez le moule dans de l'eau chaude pour décoller la bombe des parois et démoulez-la, 30 minutes avant de servir, sur un plat rafraîchi. Décorez de crème fouettée, de fruits et de feuilles en chocolat. Laissez au réfrigérateur avant de couper en tranches.

Pour 8 personnes

Charlotte à l'orange

2 œufs
100 g de cassonade
3 cuillères à soupe d'eau
50 g d'orange confite hachée
30 cl de crème fraîche fouettée
24 biscuits à la cuillère
4 cuillères à soupe de jus d'orange
3 cuillères à soupe de Triple-Sec
POUR DÉCORER :
15 cl de crème fraîche fouettée

Battez les œufs jusqu'à ce qu'ils deviennent mousseux. Faites chauffer le sucre avec l'eau pour qu'il fonde. Laissez bouillir, sans remuer, pendant 3 minutes ou davantage, afin d'obtenir un sirop. Versez sur les œufs en filet mince, tout en fouettant jusqu'à épaississement du mélange. Ajoutez l'orange confite et laissez refroidir. Incorporez la crème fouettée.

Garnissez un moule à charlotte de 1 litre de papier sulfurisé. Tapissez-en les parois avec 18 biscuits à la cuillère, en les rognant si besoin est. Mélangez le jus d'orange et le Triple-Sec ; badigeonnez-en les biscuits.

Ajoutez la moitié de la crème à l'orange ; émiettez dessus le reste des biscuits. Arrosez de liqueur à l'orange. Couvrez avec le reste de crème. Mettez au congélateur.

Une demi-heure avant de servir, démoulez sur un plat rafraîchi. Festonnez de crème fouettée et remettez au réfrigérateur.

Pour 8 personnes

Festival

150 g de fruits confits hachés
4 cuillères à soupe de cognac
3 œufs, jaunes séparés des blancs
75 g de sucre semoule
30 cl de crème fraîche fouettée
50 g d'amandes effilées et grillées
POUR DÉCORER :
75 cl de crème fraîche fouettée
75 g de cerises confites, émincées

La veille, faites macérer les fruits confits dans le cognac.

Battez les jaunes d'œufs jusqu'à ce qu'ils soient mousseux. Montez les blancs en neige et incorporez-y le sucre, peu à peu. Ajoutez crème fouettée, jaunes d'œufs, amandes, fruits confits et cognac. Transférez dans un moule à soufflé de 1,5 litre. Couvrez de papier d'aluminium et mettez au congélateur.

Une demi-heure avant de servir, plongez le moule dans de l'eau chaude et démoulez la bombe sur un plat rafraîchi. Avec une douille étoilée, décorez-la de crème fouettée. Placez les cerises confites au centre. Laissez ramollir légèrement au réfrigérateur.

Pour 8 personnes

Glace Tortoni

175 g de chocolat à croquer en morceaux
15 cl de crème fraîche
2 cuillères à soupe de kirsch
30 cl de crème fraîche fouettée
50 g de macarons écrasés fin
POUR TERMINER :
40 g de macarons
4 cuillères à soupe de crème fraîche fouettée
8 pastilles de chocolat

Dans une petite casserole, faites fondre le chocolat avec la crème fraîche. Tournez, puis laissez refroidir. Fouettez le kirsch et le chocolat dans la crème fouettée, puis incorporez les macarons écrasés. Versez dans un moule à cake de 500 g. Couvrez de papier aluminium et laissez une nuit au congélateur.

Retournez le moule sur un plat et frottez l'extérieur avec un linge trempé dans de l'eau très chaude jusqu'à ce que la glace se démoule. Recouvrez-la de miettes de macarons, décorez-la de crème fouettée et de pastilles de chocolat.

Pour 8 personnes

Festival ; bombe rose ; charlotte à l'orange

DESSERTS 129

Bombe au chocolat

1 portion de glace au chocolat (page 126)
15 cl de crème fraîche
1 cuillère à soupe de kirsch
1 cuillère à soupe de sucre glace tamisé
50 g de macarons émiettés

Laissez la glace ramollir à température ambiante 30 minutes. Mettez à glacer un moule à bombe de 1,5 l au réfrigérateur.

Fouettez la crème, le kirsch et le sucre glace, puis incorporez les macarons. Nappez le moule avec la glace au chocolat, en couche épaisse. Versez au centre la crème et terminez avec le reste de glace. Couvrez de papier aluminium et laissez une nuit au congélateur.

Plongez le moule dans de l'eau froide et démoulez sur un plat de service.

Pour 6 à 8 personnes

Couronne glacée

75 cl de glace au chocolat (voir page 126)
75 cl de glace à la vanille (voir page 126)
POUR DÉCORER :
15 cl de crème fraîche fouettée
10-12 triangles en chocolat

Versez la glace au chocolat dans un moule à savarin de 1,25 l. Couvrez de papier aluminium et laissez 3 heures au congélateur.

Déposez la glace à la vanille sur la glace au chocolat, couvrez de papier aluminium et laissez une nuit au congélateur. Plongez le moule dans de l'eau chaude et démoulez sur un plat de service. Décorez avec des rosettes de crème fouettée et des triangles en chocolat.

Pour 8 personnes

Bombe au chocolat ; couronne glacée

DESSERTS

Glace à la menthe sauce chocolat

GLACE A LA MENTHE :
3 jaunes d'œufs
150 g de sucre en poudre
30 cl de crème fraîche liquide
30 cl de crème fraîche fouettée
3 cuillères à soupe de crème de menthe
quelques gouttes de colorant alimentaire vert
POUR SERVIR :
25 g de chocolat à croquer fondu
1 portion de sauce au chocolat amer (page 132)

Préparez la glace en suivant la méthode indiquée page 126, mais en remplaçant le chocolat et la vanille par la crème de menthe et le colorant.

Versez dans un moule à cake de 1 kg, couvrez de papier aluminium et mettez à durcir au congélateur.

Démoulez sur un plat de service et laissez 15 minutes au réfrigérateur.

Mettez le chocolat chaud dans un cône de papier sulfurisé, coupez la pointe du cône et décorez les tranches de glace de filaments de chocolat.

Servez avec la sauce au chocolat amer.

Pour 6 personnes

Note : pour préparer cette glace plus rapidement, achetez 1,5 l de glace à la vanille, laissez-la ramollir un peu, puis incorporez-lui en fouettant la crème de menthe et le colorant.

Bombe au chocolat et au cognac

175 g de chocolat à croquer en morceaux
3 cuillères à soupe d'eau
2 œufs, blancs et jaunes séparés
125 g de sucre en poudre
20 cl de crème fraîche
2 cuillères à soupe de cognac
75 g de meringues en morceaux
POUR SERVIR :
1 portion de sauce au chocolat amer (page 132)

Faites fondre le chocolat avec l'eau à feu doux. Ajoutez les jaunes d'œufs et laissez refroidir.

Battez les blancs d'œufs en neige et ajoutez peu à peu le sucre.

Fouettez la crème avec le cognac jusqu'à ce qu'elle soit ferme et ajoutez-la délicatement au chocolat. Incorporez les blancs d'œufs et les meringues.

Versez dans un moule à bombe de 1,5 l, couvrez de papier aluminium et faites durcir au congélateur.

Pour démouler, plongez le récipient dans l'eau chaude et disposez la bombe sur un plat de service. Nappez de sauce au chocolat.

Pour 8 personnes

Bombe au chocolat et au cognac

Décorations au chocolat

Caraque : versez une mince couche de chocolat fondu sur une surface froide et étalez-le à l'aide d'une palette jusqu'à ce qu'il commence à prendre. Laissez prendre, puis avec un couteau à lame fine poussez le chocolat pour former de longs rouleaux.

Copeau : utilisez un éplucheur pour détacher des copeaux directement d'une tablette de chocolat. Vérifiez que le chocolat n'est pas trop froid, sinon les copeaux se formeront mal et s'émietteront.

Si vous avez peu de temps, vous trouverez des décorations en chocolat toutes prêtes dans le commerce : vermicelles, pastilles, etc.

DESSERTS

Faveur à la guimauve

Faveur à la guimauve

125 g de pop-corn
250 g de chocolat noir fondu
4 œufs, jaunes et blancs séparés
400 g de lait condensé sucré
3 cuillères à café de café instantané
2 cuillères à café d'eau bouillante
4 cuillères à café de liqueur au café
45 cl de crème fraîche
125 g de pâtes de guimauve, coupées en morceaux
50 g d'amandes mondées et broyées

Mélangez le pop-corn avec le chocolat fondu. Couvrez-en le fond d'un moule rond garni de papier de 24 cm, en tapissant aussi les parois aux trois quarts de la hauteur. Mettez 30 minutes au frais.

Délayez les jaunes d'œufs avec le lait condensé. Faites dissoudre le café dans l'eau ; laissez tiédir et parfumez avec la liqueur. Ajoutez aux jaunes d'œufs et au lait.

Fouettez la crème fraîche jusqu'à épaississement. Incorporez-la, ainsi que les blancs montés en neige ferme, à la crème au café. Ajoutez guimauve et amandes. Versez dans le moule préparé et faites raffermir au congélateur.

Une demi-heure avant de servir, plongez le moule dans de l'eau chaude et démoulez sur un plat rafraîchi.

Pour 10 personnes

Charlotte rubannée

75 cl de glace au chocolat (page 126)
1 boîte (425 g) de cerises au sirop, égouttées et dénoyautées
75 cl de glace à la fraise (page 126)
50 g de beurre
1 cuillère à café de miel liquide
50 g de chocolat noir haché
175 g de sablés émiettés
POUR DÉCORER :
15 cl de crème épaisse, fouettée

Faites ramollir la glace au chocolat, juste assez pour y incorporer les cerises. Mettez-la dans un moule à manqué de 20 cm, à fond amovible, garni de papier. Couvrez de papier d'aluminium et faites raffermir au congélateur.

Laissez ramollir la glace à la fraise pour pouvoir l'étaler. Mettez-la sur la précédente couche. Couvrez hermétiquement et faites prendre au frais.

Faites fondre le beurre avec le miel dans une casserole. Ajoutez le chocolat et remuez pour qu'il fonde. Étoffez le mélange avec les sablés émiettés. Couvrez la glace avec cette préparation, que vous tasserez, et remettez au frais.

Une demi-heure avant de servir, plongez le moule dans de l'eau chaude pour décoller la charlotte et démoulez sur un plat rafraîchi. Décorez de crème Chantilly. Mettez au réfrigérateur pour obtenir la température de dégustation.

Pour 6 à 8 personnes

(Illustration p. 126)

Sauces au chocolat

Vous pouvez préparer vous-même vos sauces au chocolat.

Pour 30 cl de sauce, tournez à feu doux dans une casserole 175 g de chocolat à croquer coupé en morceaux avec 15 cl d'eau, 1 cuillère à café de café instantané, 50 g de sucre en poudre. Quand le mélange est fondu, portez à ébullition et laissez frémir 10 minutes, en tournant. Servez aussitôt ou laissez refroidir.

Sauce au chocolat à l'orange (45 cl) : dans une casserole faites chauffer, en tournant de temps en temps, 125 g de chocolat à croquer coupé en morceaux avec le jus de 1 orange et 170 g de lait concentré sucré. Quand le mélange est fondu, portez à ébullition et laissez frémir 3 minutes, en tournant. Incorporez 2 cuillères à soupe de Cointreau et servez chaud ou froid.

Bavaroise glacée

1 kg de prunes dénoyautées
250 g de sucre
30 cl d'eau
15 g de gélatine
1/2 blanc d'œuf battu

Mettez les prunes à cuire doucement avec 50 g de sucre et l'eau. Égouttez, en mettant de côté le liquide de cuisson ; passez les prunes au mixeur. Faites dissoudre le reste de sucre dans le liquide de cuisson à feu doux, portez rapidement à ébullition 5 minutes et laissez refroidir. Faites dissoudre la gélatine dans 5 cuillères à soupe du liquide, au bain-marie. Incorporez le reste de liquide et la gélatine dans la compote de prunes.

Mettez 1 heure au congélateur. Fouettez afin de briser les cristaux de glace et incorporez le blanc d'œuf battu. Remettez au congélateur.

Passez au réfrigérateur 1 heure avant de servir.
Pour 6 personnes

Bavarois aux fraises

250 g de fraises
3 œufs, blancs et jaunes séparés
50 g de sucre en poudre
15 g de gélatine
5 cuillères à soupe d'eau
15 cl de crème fraîche
POUR SERVIR :
250 g de framboises
2 à 3 cuillères à soupe de sucre en poudre
15 cl de crème fraîche fouettée

Préparez la mousse comme indiqué dans la recette suivante, mais en utilisant des fraises. Versez dans le plat de service et laissez prendre au réfrigérateur.

Pour servir, passez les framboises au mixeur, ajoutez le sucre et nappez-en la mousse. Décorez de crème fouettée.
Pour 4 à 6 personnes

Bavaroise glacée ; bavarois aux mûres ; bavarois aux fraises

Bavarois aux mûres

250 g de mûres
3 œufs, blancs et jaunes séparés
50 g de sucre en poudre
15 g de gélatine
5 cuillères à soupe d'eau
15 cl de crème fraîche
POUR SERVIR :
15 cl de crème fraîche fouettée

Passez les mûres au mixeur. Battez les jaunes d'œuf et le sucre jusqu'à ce qu'ils soient crémeux. Faites dissoudre la gélatine avec l'eau, au bain-marie. Laissez refroidir, puis incorporez les jaunes d'œuf. Battez les blancs en neige très ferme. Battez légèrement la crème et incorporez-la aux jaunes, ainsi que les blancs. Versez dans le plat de service et laissez prendre au réfrigérateur.

Au moment de servir, décorez avec la crème fouettée.
Pour 4 à 6 personnes

Café-crème

175 g de beurre ramolli
3 jaunes d'œufs
4 cuillères à soupe de sucre glace
2 cuillères à soupe de café fort froid
16 biscuits à la cuillère
60 cl de crème fraîche épaisse fouettée
125 g d'amandes effilées et grillées
cacao amer pour décorer

Travaillez le beurre en pommade, jusqu'à ce qu'il blanchisse, ajoutez les jaunes d'œufs, un à un, puis le sucre glace. Versez le café goutte à goutte, en fouettant.

Disposez deux fois quatre biscuits à la cuillère, côte à côte, sur un plat de service. Couvrez avec la moitié de la crème au café et une mince couche de crème fouettée ; recommencez une nouvelle fois. Terminez avec les huit biscuits qui restent.

Nappez généreusement de crème fouettée ; le reste servira à décorer le dessert. Appliquez les amandes sur les côtés.

Mettez un peu de cacao sur une feuille de papier sulfurisé. Posez une brochette sur la poudre et incrustez-la délicatement à la surface du dessert pour tracer des diagonales décoratives.
Pour 8 personnes

Glacier chocolat-orange

125 g de beurre ramolli
125 g de sucre glace
3 jaunes d'œufs
125 g de chocolat noir fondu
le zeste râpé fin d'une orange
3 cuillères à soupe de Triple-Sec
18-20 biscuits à la cuillère
30 cl de crème fraîche fouettée
3 oranges pelées à vif, divisées en quartiers

Travaillez le beurre et le sucre glace pour obtenir un mélange mousseux, auquel vous incorporerez les jaunes d'œufs, un à un. Parfumez avec le chocolat fondu et le zeste d'orange. Réservez.

Mettez le Triple-Sec dans une coupelle. Imbibez les biscuits de liqueur et disposez-les, sur une seule couche, dans un moule à cake garni de papier de 0,5 litre. Couvrez avec la moitié de la crème chocolatée, couverte à son tour d'une mince couche de crème fouettée. Terminez par une couche de quartiers d'orange (sauf 8 pour la décoration) et une épaisseur de crème chocolatée. Coiffez le tout de biscuits imbibés, couvrez et mettez une heure au frais.

Démoulez sur un plat de service. Nappez d'une mince couche de crème fouettée ; utilisez le reste pour décorer, avec les quartiers d'orange réservés.
Pour 8 personnes

Café-crème ; glacier chocolat-orange

Charlotte aux poires

30 biscuits à la cuillère
65 g de beurre
125 g de sucre glace
2 jaunes d'œufs
1 1/2 cuillère à café de café soluble, dissous dans 1 cuillère à café d'eau chaude
60 cl de crème fraîche fouettée
1 1/2 cuillère à café de gélatine, dissoute dans 2 cuillères à soupe d'eau
125 g de noix concassées
1 boîte (400 g) de poires émincées

Disposez une épaisseur de biscuits dans un moule à charlotte de 24 cm, à fond amovible.

Travaillez ensemble le beurre et le sucre glace ; incorporez les jaunes et le café.

Enrichissez le mélange de crème fouettée. Ajoutez la gélatine dissoute.

Utilisez un tiers de cette crème pour couvrir les biscuits. Parsemez avec un tiers des noix et couvrez avec la moitié des poires. Répétez une nouvelle fois cette disposition. Couvrez avec le reste de biscuits et de crème. Ourlez la charlotte de noix, sur 1 cm. Mettez-la au frais jusqu'à ce qu'elle soit ferme.

Démoulez délicatement et transférez sur un plat de service.

Pour 8 personnes

Suprême chocolat-cognac

125 g de raisins secs
7 cuillères à soupe de cognac
75 g de chocolat noir fondu
30 cl de crème fraîche fouettée
1 cuillère à soupe de lait
16 biscuits à la cuillère
POUR DÉCORER :
30 cl de crème fraîche fouettée
chocolat râpé

Faites tremper les raisins pendant une heure au moins dans 5 cuillères à soupe de cognac ; égouttez, réservez le cognac.

Incorporez le chocolat et les raisins à la crème fouettée.

Aromatisez le lait avec le reste de cognac et celui ayant servi à faire macérer les raisins. Versez dans une assiette creuse. Trempez-y 8 biscuits, un à un, et disposez-les au fur et à mesure, en deux rangées, sur un plat allongé. Nappez de crème chocolatée.

Imbibez les autres biscuits et posez-les sur la crème. Mettez à raffermir au frais.

Étalez une mince couche de crème fouettée sur le dessert ; utilisez celle qui reste pour la décoration. Garnissez le dessus de chocolat râpé.

Pour 8 personnes

Charlotte aux poires ; suprême chocolat-cognac

DESSERTS

Tahitien

250 g de sablés à la noix de coco, émiettés
70 g de beurre ramolli
70 g de sucre glace
1 œuf
1 boîte (225 g) de morceaux d'ananas
1 boîte (375 g) d'ananas écrasé en purée
15 cl de crème fraîche fouettée

Étalez les sablés émiettés dans un moule à fond amovible de 24 cm.
Travaillez ensemble le beurre et le sucre, jusqu'à ce que le mélange soit mousseux. Incorporez-y l'œuf. Versez sur les sablés.
Disposez les morceaux d'ananas sur le pourtour. Garnissez le centre avec la purée d'ananas. Mettez une heure au frais.
Retirez délicatement le moule. Transférez sur un plat de service. Disposez des rosettes de crème fouettée sur le dessus.
Pour 6 à 8 personnes

Brazilia

250 g de biscuits au gingembre émiettés
4 grosses bananes
2 cuillères à soupe de jus de citron vert
70 g de beurre ramolli
70 g de sucre glace
1 œuf
1 cuillère à soupe de café fort
30 cl de crème fraîche fouettée
1 banane émincée
2 cuillères à café de jus de citron vert

Étalez la moitié des biscuits émiettés dans un moule à fond amovible de 20 cm.
A la fourchette, écrasez légèrement les bananes avec le jus de citron. Travaillez le beurre et le sucre jusqu'à ce qu'ils soient mousseux. Incorporez l'œuf, le café et les bananes écrasées. Étalez cette préparation uniformément dans le moule. Couvrez de crème fouettée et répartissez dessus le reste des biscuits. Mettez une heure minimum au frais.
Démoulez délicatement sur un plat de service. Citronnez les rondelles de banane et disposez-les sur le dessert.
Pour 6 personnes

Croquant au miel

125 g de beurre
100 g de sucre glace
2 cuillères à soupe de miel
1 cuillère à soupe de cacao
1 cuillère à soupe de jus d'orange
250 g de biscuits sablés émiettés
POUR DÉCORER :
15 cl de crème fraîche épaisse
1 cuillère à café de miel liquide

Travaillez en pommade le beurre, le sucre et le miel. Incorporez le cacao et le jus d'orange. Ajoutez les biscuits et transférez dans un moule à fond amovible de 20 cm, généreusement graissé et posé sur une tôle à pâtisserie. Étalez bien la préparation et tassez-la. Mettez une nuit au frais.
Démoulez délicatement sur un plat de service. Fouettez la crème fraîche et le miel et décorez-en le dessert.
Pour 8 personnes

Brazilia ; croquant au miel

DESSERTS

Chocolaté aux noisettes

75 g de chocolat noir cassé en morceaux
3 cuillères à soupe d'eau
50 g de beurre ramolli
50 g de sucre glace
1 jaune d'œuf
75 g de noisettes grillées et hachées gros
3 cuillères à soupe de xérès
16-18 biscuits à la cuillère
30 cl de crème fraîche fouettée
50 g de copeaux en chocolat (page 131) ou de chocolat râpé

Faites fondre le chocolat avec l'eau, dans un bol au bain-marie. Retirez de la chaleur ; laissez tiédir.

Travaillez le beurre et le sucre jusqu'à ce qu'ils soient mousseux. Incorporez-y le jaune d'œuf, le chocolat et les noisettes.

Mettez le xérès dans une assiette creuse. Trempez-y la moitié des biscuits que vous disposerez, sur une seule couche, dans un moule à cake de 0,5 litre, garni de papier et beurré.

Nappez avec un quart de la crème fouettée, puis couvrez avec le chocolaté aux noisettes. Ajoutez une autre épaisseur de crème fouettée et terminez avec les biscuits imbibés. Couvrez et mettez au frais pendant une heure au moins.

Démoulez sur un plat de service. A la spatule ou à la poche à douille, nappez avec le reste de crème fouettée. Décorez avec les copeaux de chocolat.
Pour 6 à 8 personnes

Timbale pralinée

75 g d'amandes hachées fin
50 g de noisettes hachées fin
25 cl de lait
125 g de beurre ramolli
125 g de sucre glace
2 jaunes d'œufs
3 cuillères à soupe de rhum brun
25-30 biscuits à la cuillère
POUR DÉCORER :
30 cl de crème fraîche fouettée
quelques noisettes, amandes ou noix

Faites griller légèrement les amandes et les noisettes sous un gril chaud. Mettez-les dans une jatte. Amenez le lait à ébullition, versez-le dans la jatte et laissez tiédir.

Travaillez le beurre et le sucre glace jusqu'à ce qu'ils soient mousseux. Incorporez-y peu à peu les jaunes d'œufs et le lait.

Mettez le rhum dans une assiette creuse. Trempez-y 2 à 3 biscuits à la fois et disposez-les sur une seule couche dans un moule à cake garni de papier de 0,5 litre. Nappez avec la moitié de la crème pralinée. Recommencez, en terminant par des biscuits.

Couvrez de papier d'aluminium et posez un poids sur le dessus. Laissez une nuit au réfrigérateur. Démoulez et nappez de crème fouettée. Décorez avec le reste de crème et quelques noisettes.
Pour 6 personnes

Chocolaté aux noisettes ; timbale pralinée

Charlotte péruvienne

1 tasse de café noir très fort
1 cuillère à soupe de cognac
300 g de biscuits à la cuillère
CRÈME PATISSIÈRE AU CAFÉ :
120 g de sucre en poudre
5 jaunes d'œufs
50 g de farine
50 cl de lait additionné de 1 cuillère à soupe de grains de café broyés
POUR DÉCORER :
2 cuillères à soupe de crème fraîche
15 cl de crème fraîche fouettée
3 cuillères à soupe de poudre de noix de coco

Pour la crème patissière au café, travaillez le sucre avec les jaunes dans une jatte. Incorporez la farine. Portez le lait à ébullition, laissez-le tiédir et passez-le. Sans cesser de tourner, incorporez-le peu à peu aux œufs. Versez cette crème dans une casserole, amenez à ébullition et laissez épaissir 2 ou 3 minutes, sans cesser de tourner. Laissez refroidir.

Mélangez le café noir et le cognac ; utilisez pour imbiber les biscuits. Tapissez-en un moule à cake de 500 g garni de papier.

Remplissez de crème pâtissière au café refroidie : gardez-en un peu pour décorer la charlotte. Couvrez et mettez au frais.

Démoulez sur un plat de service. Enrichissez la crème pâtissière réservée de crème fraîche. Nappez-en le dessus de la charlotte. Enrobez les côtés de crème Chantilly, sur laquelle vous appliquerez la noix de coco. Décorez avec le reste de Chantilly.
Pour 8 personnes
Note : si vous êtes très pressés, utilisez une crème pâtissière instantanée et parfumez votre lait comme ci-dessus.

Roulé jamaïcain

1 boîte (375 g) d'ananas haché gros
30 cl de crème fraîche épaisse, fouettée
250 g de croquants au gingembre
1 cuillère à soupe de rhum blanc
125 g de chocolat noir râpé

Réservez le jus d'ananas. Enrichissez la purée d'ananas avec la moitié de la crème fouettée. Utilisez cette préparation pour fourrer les croquants, deux par deux, en les disposant les uns contre les autres sur une feuille d'aluminium, pour obtenir un rouleau.

Arrosez avec une cuillère à soupe de jus d'ananas et de rhum. Enveloppez et mettez au frais une nuit.

Posez sur un plat à dessert. Nappez avec le reste de crème fouettée. Décorez de chocolat râpé.
Pour 6 personnes

Charlotte citron gingembre

10 tranches de biscuit de Savoie
100 g de beurre ramolli
150 g de sucre glace
3 œufs, jaunes et blancs séparés
zeste râpé et jus de 2 citrons
POUR DÉCORER :
15 cl de crème fraîche fouettée
100 g de chocolat noir râpé
50 g de gingembre ou d'écorce d'orange confits, émincés

Garnissez de papier sulfurisé le fond d'un moule à cake de 1 kg.

Coupez chaque tranche de biscuit en trois lamelles. Utilisez la moitié d'entre elles pour tapisser le fond et les parois du moule.

Travaillez le beurre avec le sucre jusqu'à ce qu'ils soient mousseux ; incorporez les jaunes d'œufs peu à peu, puis le zeste et le jus de citron.

Montez les blancs d'œufs en neige ferme, que vous ajouterez à la crème, en soulevant la masse. Mettez la moitié de cette mousse dans le moule ; couvrez avec une couche de biscuit. Complétez avec le reste de mousse. Coiffez de lamelles de biscuit. Couvrez d'aluminium et mettez au frais une nuit.

Démoulez sur un plat de service et masquez complètement avec les deux tiers de la crème fouettée. Incrustez les côtés de chocolat râpé. Décorez de crème fouettée et de fruits confits.
Pour 6 à 8 personnes

A DROITE : *charlotte péruvienne ; charlotte citron gingembre ; roulé jamaïcain*

DESSERTS

DESSERTS

Palmiers au chocolat

200 g de pâte feuilletée
75 g de sucre en poudre
25 g de chocolat à croquer râpé

Étalez la pâte sur un plan de travail saupoudré de la moitié du sucre. Saupoudrez le reste du sucre sur la pâte, étalez-la en un rectangle de 30 × 25 cm. Saupoudrez de chocolat.

Repliez sur le centre les deux petits côtés du rectangle. Humidifiez le centre pour assurer l'adhésion. Découpez des tranches de 1 cm d'épaisseur, posez-les sur une plaque à pâtisserie et aplatissez légèrement avec la paume de la main.

Faites cuire 10 à 15 minutes au four (220°), en les retournant à mi-cuisson. Laissez refroidir sur une grille.
Pour 18 à 20 palmiers

Bouchées croquantes

125 g de chocolat à croquer en morceaux
1 cuillère à soupe de miel liquide
2 cuillères à soupe de café noir
250 g de corn flakes
25 g de noix hachées

Dans une casserole, faites fondre le chocolat avec le miel et le café, à feu doux. Incorporez les céréales et les noix. Répartissez dans des caissettes en papier et laissez prendre.
Pour 12 bouchées

Colettes à l'orange

Colettes à l'orange

250 g de chocolat noir fondu
50 g de génoise émiettée
2 cuillères à soupe de Triple-Sec
25 quartiers de mandarine
POUR DÉCORER :
30 cl de crème fraîche épaisse, fouettée

Préparez 10 colettes (page 112).

Dans une terrine, mélangez la génoise et le Triple-Sec. Ajoutez les quartiers de mandarine – sauf dix pour la décoration. Répartissez cette garniture dans les caissettes en chocolat.

Coiffez chaque caissette de crème fouettée, sur laquelle vous disposerez un quartier de mandarine.
Pour 10 caissettes

Truffettes au chocolat

350 g de macarons écrasés
3 cuillères à soupe de cacao en poudre
50 g de noisettes moulues et grillées
4 cuillères à soupe de confiture d'abricot
4 cuillères à soupe de vermicelle de chocolat

Mélangez les gâteaux écrasés avec le caco et les noisettes. Ajoutez la confiture.

Formez des boules de la taille d'une noix et passez-les dans le vermicelle.

Servez dans des caissettes en papier.

Pour 16 à 18 truffettes

Biscuits croquants

175 g de flocons d'avoine
50 g de sucre roux
12 cl d'huile de maïs
1 œuf
125 g de chocolat à croquer fondu

Dans une jatte, battez vigoureusement les flocons, le sucre, l'huile et l'œuf. Répartissez des cuillères du mélange sur une plaque beurrée et aplatissez-les avec une fourchette humide.

Faites cuire 15 à 20 minutes au four (160°). Laissez 1 minute sur la plaque, puis faites refroidir sur une grille.

Étalez le chocolat sur le côté plat des biscuits, laissez prendre légèrement, puis dessinez des lignes avec une palette et laissez sécher.

Pour 20 biscuits

Triangles croquants

50 g de beurre
2 cuillères à soupe de miel liquide
125 g de chocolat à croquer en morceaux
75 g de corn flakes
25 g de noix hachées

Dans une casserole, faites fondre à feu doux le beurre avec le miel et le chocolat, en tournant. Ajoutez les corn flakes et les noix. Versez dans un moule carré beurré de 18 cm et laissez prendre au réfrigérateur.

Découpez les triangles avant de servir.

Pour 8 triangles

Tuiles au chocolat

75 g de beurre
75 g de sucre en poudre
40 g de farine tamisée
15 g de cacao en poudre, tamisé
50 g de noisettes en poudre

Travaillez le beurre et le sucre en crème. Ajoutez la farine, le cacao et les noisettes. Répartissez des cuillères à café du mélange, en les séparant bien, sur des plaques beurrées (voir note) et aplatissez-les avec une fourchette humide.

Faites cuire 6 à 8 minutes au four (200°). Laissez-les 1 minute sur les plaques, retirez-les avec une palette et arrondissez-les sur un rouleau à pâtisserie. Retirez-les délicatement et rapidement, laissez durcir.

Pour 20 à 24 tuiles

Note : ne faites pas cuire plus de 4 tuiles à la fois. Sinon, elles durciront avant d'être formées.

Biscuits croquants ; triangles croquants

Tartelettes au miel

175 g de pâte brisée
250 g de miel
50 g d'amandes effilées
2 cuillères à café de jus de citron

Étalez la pâte sur une surface farinée et garnissez-en 12 moules.

Faites fondre le miel à feu doux dans une casserole, incorporez les amandes et le jus de citron. Versez dans les moules et décorez des restes de pâte. Faites cuire 15 minutes au four (200°).

Pour 12 tartelettes

Florentines

75 g de beurre
75 g de miel
25 g de farine tamisée
75 g d'amandes effilées hachées gros
25 g de zestes de fruits confits hachés
50 g de cerises confites hachées gros
15 g d'angélique hachée gros
125 g de chocolat à croquer fondu

Dans une petite casserole, faites fondre à feu doux le beurre avec le miel. Incorporez la farine, les amandes et tous les fruits confits.

Disposez sur une plaque couverte de papier sulfurisé des cuillères à café du mélange, en les séparant bien. Aplatissez-les avec une fourchette humide pour obtenir un cercle de 8 cm. Faites cuire 10 minutes au four (180°).

Laissez refroidir 1 minute, puis détachez-les avec une palette et laissez refroidir sur une grille.

Étalez le chocolat sur le côté lisse des florentines. Tracez des vagues avec les dents d'une fourchette. Laissez prendre.

Pour 14 florentines

Tartelettes viennoises

250 g de beurre ramolli
75 g de sucre glace
175 g de farine
50 g de maïzena
1 cuillère à café de zeste de citron râpé fin
POUR DÉCORER :
2 cuillères à soupe de sucre glace
2 cuillères à soupe de confiture de citron

Passez au mixeur le beurre, le sucre, la farine, la maïzena et le zeste de citron.

Mettez le mélange dans une poche munie d'une douille cannelée de 2 cm et pressez-le dans des petits moules à tartes, en un mouvement circulaire.

Faites cuire 20 minutes au four (180°). Faites refroidir sur un grille.

Saupoudrez de sucre glace et disposez un peu de confiture de citron au centre de chaque tartelette.

Pour 12 tartelettes

Tartelettes aux fruits frais

75 g de beurre coupé en petits morceaux
175 g de farine complète
2 cuillères à soupe de poudre d'amandes
4 gouttes d'extrait d'amandes
2 cuillères à café de sucre roux
2-3 cuillères à soupe d'eau
POUR GARNIR :
15 cl de crème fraîche
1 cuillère à café de sucre en poudre
fruits frais préparés : kiwi, fraises, framboises, ananas, mangue, lychees, etc.
sucre en poudre (facultatif)

Mélangez du bout des doigts le beurre, la farine, la poudre et l'extrait d'amandes, jusqu'à ce que cela soit grumeleux. Ajoutez le sucre, puis de l'eau en quantité suffisante pour obtenir une pâte humide. Saupoudrez d'un peu de farine et pétrissez légèrement.

Étalez la pâte sur une surface farinée, découpez-y 12 cercles de 6 cm de diamètre et garnissez-en de petits moules à tarte. Faites cuire 10 minutes au four (230°). Laissez refroidir sur une grille.

Fouettez la crème avec le sucre et mettez-en une cuillère à café au centre de chaque tarte. Posez dessus les fruits, et saupoudrez de sucre si vous les souhaitez.

Pour 12 tartelettes

Florentines

DESSERTS

Tarte à la compote ; tarte à l'orange

Tarte à la compote

- 1 paquet de pâte brisée (200 g) décongelée
- 4 cuillères à soupe de chapelure
- 6 cuillères à soupe de compote de pommes
- le jus de 1/2 citron
- 1/2 cuillère à café de cannelle

Étalez la pâte sur une surface farinée en un cercle de 20 cm et disposez-la sur une plaque à pâtisserie. Pincez les bords et mettez de côté le reste de pâte. Piquez le fond avec une fourchette.

Saupoudrez dessus la moitié de la chapelure et versez dessus la compote. Ajoutez le jus de citron.

Mélangez la cannelle et le reste de chapelure, et saupoudrez-en la tarte. Découpez des lanières dans les restes de pâte et disposez-les en croisillons sur la tarte.

Faites cuire 30 minutes au four (190°), la pâte doit être croustillante et dorée. Servez chaud ou froid.

Pour 4 personnes

Tarte à l'orange

- 1 paquet (200 g) de pâte brisée décongelée
- 2 oranges non traitées, coupées en tranches fines
- 1 œuf battu
- 50 g de poudre d'amandes
- 1 cuillère à soupe de sucre en poudre
- 2 cuillères à soupe de miel

Étalez la pâte sur une surface farinée et garnissez-en un moule de 20 cm de diamètre. Piquez-la à la fourchette. Couvrez de papier aluminium et posez dessus des grains de riz. Faites cuire 15 minutes au four (190°). Retirez le riz et le papier.

Pendant ce temps mettez les oranges dans une casserole, couvrez-les d'eau, couvrez la casserole et laissez mijoter 30 minutes ; la peau doit être tendre. Égouttez-les.

Battez l'œuf, les amandes et le sucre. Étalez ce mélange sur la tarte, puis disposez dessus les tranches d'orange. Étalez enfin le miel et remettez 20 minutes au four.

Servez chaud ou froid.

Pour 4 personnes

Petits fours

3 œufs
125 g de sucre en poudre
125 g de farine tamisée
POUR GARNIR :
25 g de sucre en poudre
2 cuillères à soupe de gelée de groseilles
30 cl de crème fraîche fouettée

Fouettez les œufs et le sucre jusqu'à ce qu'ils soient pâles. Incorporez doucement la farine.

Mettez le mélange dans une poche munie d'une douille lisse de 1 cm et déposez des cercles de 3 cm de diamètre sur des plaques à pâtisserie garnies de papier sulfurisé, en les séparant de 5 cm ; vous devriez pouvoir faire 48 cercles. Saupoudrez-les d'un peu de sucre et faites-les cuire 10 minutes au four (190°). Laissez-les refroidir sur les plaques.

Quand ils sont froids, humidifiez le papier et retirez-le délicatement des gâteaux. Collez-les deux par deux en les garnissant de gelée de groseilles et de crème.
Pour environ 24 petits fours
Note : la garniture perdant rapidement de son volume, veillez à avoir tout sous la main à température ambiante pour garnir rapidement les gâteaux.

Meringues aux noix

2 blancs d'œufs
125 g de sucre glace
50 g de noix hachées fin

Battez les blancs d'œufs, puis incorporez peu à peu le sucre tout en continuant de battre. Ils doivent être fermes.

Incorporez délicatement les noix, puis déposez des cuillères à café du mélange, en les séparant bien, sur une plaque à pâtisserie couverte de papier paraffiné.

Faites cuire 15 à 20 minutes dans un four préchauffé à 180°. Laissez-les refroidir légèrement, puis posez-les délicatement sur une grille pour qu'elle refroidissent complètement.
Pour 22 meringues

Croquants

250 g de farine à poudre levante tamisée
50 g de flocons d'avoine
75 g de sucre cristallisé
75 g de sucre roux
1 pincée de sel
125 g de beurre
3 cuillères à café de miel liquide
2 cuillères à soupe de lait

Mélangez dans une jatte la farine, les flocons d'avoine, les sucres et le sel. Incorporez le beurre du bout des doigts pour obtenir un mélange grumeleux. Versez le miel dans le lait, puis incorporez au reste. Pétrissez légèrement et donnez à cette pâte la forme d'un rouleau de 5 cm de diamètre. Mettez à glacer 1 heure au réfrigérateur, puis découpez des tranches de 5 mm d'épaisseur. Posez-les sur une plaque à pâtisserie beurrée en les séparant de 1 cm.

Faites cuire 15 minutes au four. Laissez-les refroidir 1 minute avant de les transférer sur une grille.
Pour 30 croquants

Barres aux flocons d'avoine

175 g de beurre
25 g de miel
125 g de cassonade
250 g de flocons d'avoine
25 g de noix de coco en poudre

Faites fondre le beurre et le miel dans une casserole. Retirez du feu et incorporez les autres ingrédients. Versez dans un moule à manqué beurré de 18 × 28 cm et lissez la surface.

Faites cuire 15 minutes au four (180°). Laissez refroidir légèrement, découpez des barres et démoulez.
Pour 22 barres

DESSERTS

CI-DESSUS : *tarte aux mûres*
A GAUCHE : *petits fours*

Tartes au cassis

75 g de beurre
3 cuillères à soupe de miel
200 g de petits-beurre écrasés
250 g de cassis
15 cl d'eau
25 g de sucre
2 cuillères à soupe de maïzena
POUR DÉCORER :
15 cl de crème fraîche
baies de cassis

Faites chauffer le beurre et le miel dans une casserole à feu doux, puis incorporez les biscuits. Répartissez ce mélange sur le fond et les bords de six moules à tarte de 10 cm de diamètre.

Mettez les cassis et l'eau dans une casserole, portez à ébullition, couvrez et laissez frémir 5 minutes. Passez au mixeur, puis au tamis. Rajoutez de l'eau pour obtenir 30 cl de purée.

Mélangez-la dans une casserole avec le sucre et la maïzena, portez à ébullition et laissez cuire à feu doux 1 minute. Répartissez dans les moules à tarte et laissez refroidir. Démoulez.

Fouettez la crème jusqu'à ce qu'elle commence à épaissir, répartissez sur les tartes et décorez avec des cassis.

Pour 6 tartelettes

Tarte aux mûres

50 g de beurre
2 cuillères à soupe de miel
200 g de petits-beurre écrasés
2 pommes pelées, évidées et émincées
2 cuillères à soupe de jus de citron
125 g de sucre en poudre
250 g de mûres
2 cuillères à soupe d'eau
2 cuillères à café de gélatine en poudre
1 blanc d'œuf

Faites fondre le beurre et le miel dans une casserole, ajoutez les biscuits et répartissez ce mélange sur le fond et les côtés d'un moule à tarte.

Faites cuire les pommes avec le jus de citron 8 minutes, incorporez en fouettant la moitié du sucre et laissez refroidir.

Faites cuire les mûres 2 minutes avec l'eau et le reste de sucre. Passez le liquide de cuisson au-dessus d'une jatte, ajoutez la gélatine et laissez-la fondre, en tournant si nécessaire. Mettez à glacer jusqu'à ce que cela soit presque pris.

Étalez les pommes sur la tarte et répartissez dessus les mûres.

Battez le blanc d'œuf en neige très ferme, puis incorporez la gelée, nappez-en les mûres et faites prendre au réfrigérateur.

Pour 6 personnes

Biscuits et micro-ondes

La plupart des biscuits peuvent être cuits aux micro-ondes. Préparez la pâte, puis faites cuire par fournée de 6, les biscuits posés en rond sur un plat ou directement sur le plateau tournant 1 1/2-2 minutes sur **Maximum**. Laissez reposer 2 minutes, puis transférez les biscuits sur une grille.

La plupart des biscuits se congèlent bien, directement au congélateur ; ils se conserveront bien dans des boîtes en polyéthylène 4 mois.

Selon les cas, faites décongeler les biscuits à température ambiante 1-2 heures ou bien disposez environ 250 g de biscuits congelés tout autour d'un plat et passez-les au four à micro-ondes 1-1 1/2 minutes sur **Décongélation** ou **Minimum**, en les retournant une fois. Laissez-les attendre 5 minutes.

Roulé aux noisettes

3 œufs
65 g de sucre en poudre
15 g de farine
50 g de noisettes en poudre
sucre en poudre
15 cl de crème fraîche fouettée
POUR TERMINER :
sucre glace tamisé

Fouettez les œufs et le sucre jusqu'à ce qu'ils fassent le ruban. Tamisez dessus la farine, ajoutez la poudre de noisettes et mélangez délicatement. Versez dans un moule à manqué de 20 × 30 cm garni de papier sulfurisé beurré. Faites cuire 10 à 12 minutes au four (200°). Démoulez sur un papier sulfurisé légèrement saupoudré de sucre posé sur un linge humide. Retirez le papier de la cuisson. Roulez le gâteau sur le petit côté, le papier sulfurisé se trouvant à l'intérieur et laissez refroidir. Déroulez le gâteau, retirez le papier, étalez la crème et roulez à nouveau le gâteau. Laissez-le au réfrigérateur jusqu'au moment de servir. Saupoudrez-le alors abondamment de sucre glace.

Pour 8 personnes

Roulé aux noisettes

Roulé à la confiture

3 œufs
125 g de sucre en poudre
75 g de farine
1 cuillère à soupe d'eau chaude
3 cuillères à soupe de confiture chaude
sucre en poudre pour décorer

Beurrez un moule à roulé de 18 × 28 cm. Fouettez les œufs et le sucre au batteur jusqu'à ce qu'ils soient bien épais. Mettez la jatte au bain-marie si vous n'utilisez pas de batteur électrique. Incorporez la farine et l'eau, puis versez la pâte dans le moule.

Faites cuire 8 à 10 minutes dans un four préchauffé à 200°.

Démoulez sur du papier paraffiné saupoudré de sucre. Étalez la confiture et roulez le gâteau sur lui-même rapidement. Maintenez-le ainsi quelques minutes, puis laissez-le refroidir sur une grille. Posez-le sur un plat et saupoudrez-le de sucre.

Pour un roulé

Roulé à la banane

40 g de farine à poudre levante
15 g de cacao en poudre
3 œufs
50 g de sucre en poudre
GARNITURE :
3 cuillères à soupe de rhum
15 cl de crème fraîche fouettée
1 banane
POUR DÉCORER :
un peu de jus de citron
sucre glace tamisé

Tamisez deux fois la farine et le cacao ensemble. Fouettez les œufs et le sucre jusqu'à ce qu'ils fassent le ruban. Incorporez le mélange précédent.

Versez dans un moule à roulé de 18 × 28 cm, garni de papier sulfurisé beurré et lissez la surface. Faites cuire 12 à 14 minutes au four (200°).

Démoulez sur un papier sulfurisé légèrement saupoudré de sucre, posé sur un linge humide, et retirez le papier de cuisson. En vous aidant du linge, roulez le gâteau sur le petit côté, le papier sulfurisé se trouvant à l'intérieur et laissez refroidir.

Déroulez le gâteau, retirez le papier, arrosez de rhum, étalez la crème et disposez la banane en travers du gâteau. Roulez le gâteau et badigeonnez les extrémités de la banane avec un peu de jus de citron. Saupoudrez de sucre glace et mettez à glacer au réfrigérateur 1 heure.

Pour un roulé

DESSERTS

Gâteau à la rhubarbe

350 g de rhubarbe coupée en morceaux de 2 cm de long
2 cuillères à soupe d'eau
50 g de sucre en poudre
15 g de gélatine
250 g de fromage blanc
15 cl de crème fraîche
1 roulé au chocolat coupé en tranches fines
POUR DÉCORER :
copeaux de chocolat
zeste d'orange coupé en lanières
crème fouettée

Mettez la rhubarbe et l'eau dans une casserole, portez à ébullition, couvrez et laissez frémir 4 minutes, puis passez au mixeur. Saupoudrez de sucre et de gélatine, et tournez jusqu'à ce que cela soit homogène.

Ajoutez le fromage blanc, la crème fraîche et passez rapidement au mixeur. Versez dans une jatte et laissez prendre légèrement.

Disposez des tranches de roulé sur les côtés d'un moule à gâteau à bord droit de 18 cm. Versez la rhubarbe et couvrez avec le reste de tranches de roulé. Laissez prendre.

Passez le plat sous l'eau chaude et retournez-le sur le plat de service. Décorez avec les copeaux de chocolat, le zeste d'orange et la crème fouettée.

Pour un gâteau à la rhubarbe

Tartes à la rhubarbe

50 g de beurre fondu
200 g de biscuits à la noix de coco écrasés
300 g de rhubarbe coupée en morceaux de 2 cm de long
2 cuillères à soupe de jus d'orange
75 g de sucre en poudre
2 cuillères à soupe de maïzena
1 œuf, blanc et jaune séparés
4 rondelles d'orange pour décorer

Mélangez le beurre et les biscuits, puis pressez-les sur le fond et les bords de quatre moules à tarte de 10 cm de diamètre.

Mettez dans une casserole la rhubarbe, le jus d'orange, le sucre, portez à ébullition et laissez frémir 4 minutes. Passez au mixeur.

Mettez la maïzena dans une casserole et mélangez-la avec un peu de purée de rhubarbe. Ajoutez le reste de purée et le jaune d'œuf, portez à ébullition, tout en tournant, et laissez frémir 1 minute.

Battez le blanc d'œuf en neige très ferme, incorporez-le au mélange précédent et répartissez dans les moules.

Faites cuire 8 à 10 minutes au four (200°). Servez chaud ou froid décoré avec des rondelles d'orange.

Note : avec ces proportions, vous pouvez préparer une seule tarte de 20 cm de diamètre.

Pour 4 personnes

Gâteau à la rhubarbe ; tartes à la rhubarbe

Croustillant aux pêches

125 g de caramels mous
2 cuillères à soupe d'eau
50 g de noisettes grillées et hachées
50 g de riz soufflé
2 cuillères à café de gélatine
1 cuillère à soupe d'eau
350 g de framboises
2 cuillères à soupe de sucre glace
5 pêches pelées, dénoyautées et coupées en tranches
POUR DÉCORER :
crème fouettée
noisettes

Dans une casserole, faites fondre à feu doux les caramels avec l'eau, en tournant de temps en temps. Incorporez les noisettes, le riz soufflé et pressez le mélange sur le fond et les bords d'un moule à tarte de 24 cm de diamètre.

Faites tremper la gélatine dans l'eau, puis chauffez jusqu'à ce que la gélatine soit dissoute. Passez les framboises au tamis au-dessus d'une jatte. Ajoutez la gélatine, le sucre glace et mélangez bien. Laissez jusqu'à ce que cela soit presque pris, versez dans le moule à tarte et laissez prendre au réfrigérateur.

Disposez les tranches de pêches et décorez de crème fouettée et de noisettes.

Pour 6 personnes

CI-DESSUS : *croustillant aux pêches ; gâteau américain aux pêches*
A DROITE : *gâteau bicolore ; gâteau Saint-Clément*

Gâteau américain aux pêches

125 g de caramels mous
2 cuillères à soupe d'eau
200 g de biscuits au chocolat écrasés
125 g de beurre
2 cuillères à soupe de confiture de pêches
5 pêches, pelées et dénoyautées
250 g de fromage blanc
15 cl de crème fraîche
125 g de framboises
50 g de sucre
crème fouettée pour décorer

Dans une casserole, faites fondre à feu doux les caramels avec l'eau, en tournant de temps en temps. Incorporez les biscuits et pressez le mélange sur le fond d'un moule à gâteau à fond amovible de 20 cm de diamètre.

Faites fondre à feu doux dans une casserole le beurre et la confiture, en tournant de temps en temps. Passez deux pêches au mixeur, ajoutez le mélange précédent, le fromage blanc, la crème et mélangez bien. Versez dans le moule et laissez prendre au réfrigérateur.

Passez les framboises au tamis au-dessus d'une casserole, ajoutez le sucre et faites-le fondre doucement. Faites bouillir 1 minute, puis laissez refroidir.

Mettez le gâteau sur un plat de service, décorez avec le reste de pêches émincées, les framboises et la crème fouettée.

Pour 8 personnes

DESSERTS

Gâteau bicolore

125 g de beurre
4 cuillères à soupe de miel
2 cuillères à soupe de cacao
350 g de petits-beurre écrasés
15 g de gélatine en poudre
3 cuillères à soupe d'eau
350 g de petits-suisses
2 œufs, blancs et jaunes séparés
50 g de sucre en poudre
zeste râpé et jus de 2 citrons
15 cl de crème fraîche fouettée
POUR DÉCORER :
rondelles de citron
crème fouettée

Dans une casserole, faites fondre à feu doux le beurre avec le miel et le cacao, en tournant de temps en temps. Incorporez les biscuits, puis étalez la moitié du mélange sur le fond d'un moule à gâteau à fond amovible de 20 cm de diamètre.

Faites tremper la gélatine dans l'eau, puis chauffez doucement pour qu'elle se dissolve. Battez ensemble les petits-suisses, les jaunes d'œufs, le sucre, puis ajoutez le zeste et le jus de citron. Incorporez la gélatine. Battez les blancs d'œufs en neige très ferme et incorporez-les au mélange précédent ainsi que la crème. Versez la moitié de cette crème dans le moule, recouvrez du reste du premier mélange, terminez avec le reste de crème. Laissez prendre au réfrigérateur.

Démoulez délicatement sur un plat de service et décorez avec les rondelles de citron et la crème fouettée.

Pour 8 à 10 personnes

Gâteau Saint-Clément

50 g de farine à poudre levante
2 cuillères à café de cacao
50 g de sucre en poudre
50 g de beurre ramolli
1 œuf
POUR GARNIR :
2 cuillères à café de gélatine en poudre
1 cuillère à soupe d'eau
2 œufs, blancs et jaunes séparés
50 g de sucre en poudre
zeste râpé et jus de 1 petit citron
zeste râpé de 1 petite orange
POUR DÉCORER :
quartiers d'orange
crème fouettée

Tamisez la farine et le cacao dans une jatte. Ajoutez le sucre, le beurre, l'œuf, et battez 1 à 2 minutes jusqu'à ce que cela soit homogène. Répartissez dans un moule à gâteau beurré et garni de papier sulfurisé de 20 cm de diamètre, et faites cuire 15 à 20 minutes au four (160°). Laissez refroidir sur une grille.

Faites tremper la gélatine dans l'eau puis chauffez doucement pour qu'elle se dissolve. Dans une jatte au bain-marie, fouettez les jaunes d'œufs et le sucre jusqu'à ce qu'ils soient crémeux. Retirez du feu, incorporez le jus de citron et les zestes de citron et d'orange, puis la gélatine, et laissez prendre légèrement.

Battez les blancs d'œufs en neige très ferme, puis incorporez-les au mélange précédent. Répartissez sur la pâte et décorez avec les quartiers d'orange et la crème fouettée.

Pour 6 personnes

Gâteau au gingembre

50 g de beurre fondu
200 g de biscuits au gingembre écrasés
1 boîte (400 g) de lait concentré sucré
zeste râpé et jus de 2 citrons
30 cl de crème fraîche fouettée
POUR DÉCORER :
50 g de gingembre confit émincé
crème fouettée

Mélangez le beurre, les biscuits et 2 cuillères à soupe de lait concentré. Pressez ce mélange au centre et sur les côtés d'un cercle à tarte de 20 cm de diamètre, posé sur une assiette.

Versez le reste du lait dans une jatte et incorporez-lui le zeste et le jus de citron, puis la crème. Répartissez dans le moule et formez des vagues avec une spatule. Laissez prendre, puis retirez le cercle à tarte.

Décorez avec le gingembre confit et la crème fouettée.

Pour 6 personnes

Gâteau acidulé

50 g de beurre fondu
200 g de biscuits au gingembre écrasés
1 boîte (400 g) de lait concentré sucré
250 g de petits-suisses
zeste râpé et jus de 1 citron vert
zeste râpé et jus de 1 citron jaune
15 cl de crème fraîche fouettée
POUR DÉCORER :
zeste de citron jaune et de citron vert

Mélangez le beurre, les biscuits et 2 cuillères à soupe de lait concentré. Pressez ce mélange sur le fond et sur les côtés d'un moule à gâteau à fond amovible, de 20 cm de diamètre.

Battez les petits-suisses dans une jatte, puis incorporez le reste de lait concentré, les zestes et les jus de citrons. Laissez épaissir, puis incorporez la crème et versez dans le moule. Laissez prendre au réfrigérateur.

Transférez délicatement le gâteau sur un plat de service et décorez-le avec les zestes de citron découpés en forme de feuilles et de fleurs.

Pour 6 à 8 personnes

DESSERTS

Gâteau brésilien

1 gâteau de Savoie coupé en 16 morceaux
3 cuillères à soupe de jus d'ananas
350 g de petits-suisses
75 g de sucre en poudre
50 g de petits morceaux de chocolat noir
1 petit ananas coupé en quatre, puis en morceaux
POUR TERMINER :
15 cl de crème fraîche
1 cuillère à soupe de café fort
25 g de petits morceaux de chocolat

Disposez du papier sulfurisé sur le fond et les bords d'un moule à cake de 1 kg. Répartissez sur le fond et les côtés les morceaux (sauf 4) de gâteau de Savoie. Arrosez-les de jus d'ananas.

Battez les petits-suisses avec le sucre, puis incorporez les morceaux de chocolat et deux tiers des morceaux d'ananas. Versez dans le moule et posez dessus les morceaux de gâteau restants. Couvrez de papier aluminium et laissez toute une nuit au réfrigérateur. Démoulez sur un plat de service.

Fouettez la crème avec le café et étalez une fine couche sur le gâteau. Mettez le reste dans une poche munie d'une petite douille en forme d'étoile et décorez le tour du gâteau, terminez avec les morceaux de chocolat et le reste d'ananas.

Pour 6 personnes

Gâteau américain au citron vert

1 gâteau de Savoie
4 cuillères à soupe de jus de citron vert
15 g de gélatine en poudre
3 cuillères à soupe d'eau
175 g de petits-suisses
175 g de sucre en poudre
2 œufs, blancs et jaunes séparés
15 cl de crème fraîche
zeste râpé et jus de 2 citrons verts
POUR DÉCORER :
crème fouettée
perles en chocolat
1 citron vert coupé en 10 quartiers

Garnissez le fond d'un moule à gâteau, à fond amovible, de 20 cm de diamètre avec le gâteau de Savoie coupé en 16 morceaux et arrosez de jus de citron.

Faites tremper la gélatine dans l'eau, puis chauffez doucement pour qu'elle se dissolve. Battez ensemble les petits-suisses et le sucre, puis incorporez en fouettant les jaunes d'œufs, la crème, le zeste et le jus de citron vert, la gélatine.

Battez les blancs d'œufs en neige très ferme et incorporez-les délicatement au mélange précédent. Versez dans le moule et laissez prendre au réfrigérateur.

Transférez délicatement le gâteau sur un plat de service, décorez de rosettes de crème et de perles de chocolat. Disposez les quartiers de citron au centre.

Pour 8 personnes

Congélation des gâteaux au fromage blanc

Congelez-les sans emballage, puis enveloppez-les dans un sac ou une boîte en polyéthylène. Ils se garderont 3 mois au congélateur.

Pour décongeler, retirez l'emballage, posez le gâteau sur un plat et laissez une nuit au réfrigérateur ou 4-6 heures à température ambiante. Vous pouvez aussi le passer 1 1/2-2 minutes au four à micro-ondes sur position **Décongélation** ou **Minimum**. Laissez attendre 15-20 minutes. Faites cuire les gâteaux individuels 30 secondes et laissez attendre 10 minutes avant de les servir.

A GAUCHE : *gâteau au gingembre ; gâteau acidulé*
A DROITE : *gâteau américain au citron vert*

DESSERTS

Caissettes au chocolat ; croustillant aux fraises

Caissettes au chocolat

175 g de chocolat à croquer, fondu
1 melon italien coupé en deux, épépiné
125 g de fraises coupées en rondelles
250 g de petits-suisses
4 cuillères à soupe de yaourt nature
25 g de sucre en poudre

Mettez 10 caissettes individuelles en papier dans des moules à petits fours. Répartissez le chocolat fondu et badigeonnez-en le fond et les côtés des caissettes. Laissez durcir au frais. Détachez alors le papier et posez les moules en chocolat sur un plat de service.

Découpez 10 boules de melon et mettez-les de côté pour la décoration. Hachez le reste de melon.

Mettez de côté 20 rondelles de fraises pour la décoration et répartissez le reste dans les moules en chocolat. Couvrez avec le melon haché.

Battez ensemble les petits-suisses, le yaourt et le sucre, mettez dans une poche munie d'une douille moyenne en étoile et pressez sur les fruits. Décorez chaque caissette avec 2 rondelles de fraise et 1 boule de melon.

Pour 10 caissettes

Croustillant aux fraises

125 g de chocolat à croquer, coupé en morceaux
25 g de beurre
2 cuillères à soupe de miel
75 g de corn-flakes écrasés
350 g de fraises
25 g de sucre en poudre
2 cuillères à café de gélatine en poudre
2 cuillères à soupe d'eau
30 cl de crème fraîche fouettée
POUR DÉCORER :
crème fouettée
rondelles de fraises

Faites fondre dans une casserole le chocolat, le beurre et le miel, en tournant de temps en temps. Incorporez les corn-flakes, puis pressez le mélange sur le fond et les côtés d'un moule à tarte de 24 cm de diamètre.

Passez les fraises au mixeur, puis au tamis pour retirer les grains, et ajoutez le sucre.

Faites tremper la gélatine dans l'eau, puis chauffez doucement pour qu'elle se dissolve. Incorporez-la à la purée de fraises. Incorporez la crème fouettée, versez dans le moule et laissez prendre au réfrigérateur.

Décorez avec la crème fouettée et les rondelles de fraises.

Pour 6 à 8 personnes

Gâteau au chocolat et au café

350 g de fromage blanc
150 g de yaourt nature
2 cuillères à soupe de sucre en poudre
50 g de chocolat à croquer fondu
2 cuillères à café de café instantané
1 cuillère à café d'eau bouillante
2 paquets de biscuits à la cuillère
2 cuillères à soupe de rhum
POUR DÉCORER :
30 cl de crème fraîche fouettée

Battez ensemble le fromage blanc, le yaourt et la moitié du sucre. Mettez la moitié du mélange dans une autre jatte et ajoutez-lui le chocolat fondu. Battez ensemble le reste de sucre, le café, l'eau et incorporez à la première jatte.

Passez les biscuits dans le rhum et mettez-en un tiers sur le fond d'un moule à cake de 1 kg garni de film alimentaire.

Versez le mélange au chocolat, couvrez de biscuits à la cuillère.

Versez le mélange au café et couvrez avec le reste de biscuits. Couvrez et mettez au réfrigérateur.

Démoulez le gâteau sur un plat de service. Étalez la crème fouettée sur le dessus et les côtés du gâteau et pressez des rosettes de crème sur le bord et la base du gâteau.

Pour 6 à 8 personnes

DESSERTS

Gâteau américain aux framboises

50 g de beurre
125 g de marshmallows
200 g de sablés écrasés
125 g de muesli
15 g de gélatine
15 cl d'eau bouillante
250 g de framboises
150 g de yaourt à la framboise
POUR DÉCORER :
crème fouettée
framboises

Faites fondre au bain-marie le beurre et les marshmallows, en tournant de temps en temps. Retirez du feu, ajoutez les biscuits, le muesli et tournez bien.

A l'aide d'une cuillère en métal humide, pressez le mélange au centre et sur les côtés d'un cercle à tarte lisse de 25 cm de diamètre, posé sur un plat. Laissez prendre au réfrigérateur.

Faites dissoudre la gélatine dans l'eau. Passez les framboises au mixeur, puis au tamis. Versez dans un verre mesureur avec la gelée, ajoutez de l'eau froide pour obtenir 30 cl. Laissez prendre légèrement puis incorporez le yaourt en fouettant. Versez sur la pâte et laissez prendre. Retirez le cercle à tarte.

Décorez avec la crème et les framboises.

Pour 8 personnes

Gâteau aux fruits rouges

1 roulé à la confiture, coupé en tranches fines
15 g de gélatine en poudre
3 cuillères à soupe d'eau
350 g de groseilles rouges
350 g de framboises
50 g de sucre en poudre
250 g de fromage blanc
15 cl de crème fraîche
POUR DÉCORER :
crème fouettée
2 cuillères à soupe de gelée de groseilles tiédie

Sur le fond d'un moule à gâteau garni de papier sulfurisé de 18 cm de diamètre, disposez les tranches de roulé, en en réservant quelques-unes.

Faites tremper la gélatine dans l'eau, puis chauffez doucement pour qu'elle se dissolve. Mettez de côté 125 g de chaque fruit et faites cuire le reste à feu doux 5 minutes. Passez au mixeur, puis au tamis. Incorporez la gélatine et le sucre.

Battez ensemble le fromage blanc et la crème, puis incorporez-les au mélange précédent. Versez dans le moule à gâteau, couvrez avec les tranches de roulé et laissez prendre au réfrigérateur.

Passez le moule sous l'eau chaude et démoulez le gâteau sur un plat de service. Décorez le tour de crème fouettée. Garnissez le centre avec les fruits rouges et badigeonnez-les de gelées de groseilles.

Pour 6 personnes

Gâteau américain aux framboises ;
gâteau aux fruits rouges

Gâteau aux fraises

1 génoise de 20 cm de diamètre
2 cuillères à soupe de jus d'orange
15 g de gélatine en poudre
3 cuillères à soupe d'eau
2 œufs, blancs et jaunes séparés
15 cl de lait bouillant
50 g de sucre en poudre
2 cuillères à café de zeste d'orange râpé
250 g de fromage blanc
15 cl de crème fraîche
POUR DÉCORER :
50 g d'amandes effilées grillées
300 g de fraises coupées en rondelles
2 cuillères à soupe de gelée de groseilles tiédie

(Illustration p. 106)

Couvrez le fond d'un moule à gâteau à fond amovible de 20 cm de diamètre avec la génoise et arrosez de jus d'orange.

Faites tremper la gélatine dans l'eau, puis chauffez doucement pour qu'elle se dissolve. Dans une jatte au bain-marie, faites épaissir les jaunes d'œufs et le lait, en tournant. Incorporez en battant la gélatine, le sucre et le zeste d'orange.

Battez ensemble le fromage blanc et la crème pour qu'ils soient homogènes, puis incorporez-les au mélange précédent. Battez les blancs d'œufs en neige très ferme, incorporez-les au mélange, versez dans le moule et laissez prendre au frais.

Transférez le gâteau sur un plat de service, pressez les amandes sur le pourtour et décorez le dessus avec les fruits. Badigeonnez-les de gelée de groseilles.
Pour 8 personnes

Gâteau aux groseilles à maquereau

50 g de beurre
50 g de miel
200 g de biscuits au gingembre émiettés
500 g de groseilles à maquereau
4 cuillères à soupe d'eau
75 g de sucre en poudre
250 g de petits-suisses
30 cl de crème anglaise instantanée
150 g de yaourt nature
quelques gouttes de colorant alimentaire vert
15 g de gélatine
3 cuillères à soupe d'eau
POUR DÉCORER :
crème fouettée
groseilles à maquereau

Faites fondre le beurre et le miel, puis incorporez-leur les biscuits et pressez le mélange sur le fond d'un moule beurré à fond amovible de 20 cm de diamètre.

Faites cuire les groseilles dans l'eau 4 minutes. Passez-les au mixeur, puis au tamis et ajoutez le sucre.

Battez les petits-suisses et incorporez-les à la purée de fruits ainsi que la crème anglaise et le yaourt. Ajoutez le colorant.

Faites tremper la gélatine dans l'eau, puis chauffez doucement pour qu'elle se dissolve. Incorporez-la au mélange.

Versez dans le moule à gâteau et laissez prendre au réfrigérateur. Transférez le gâteau délicatement sur un plat de service et décorez avec de la crème fouettée et des groseilles à maquereau.
Pour 8 personnes

Roulé aux framboises

5 œufs, blancs et jaunes séparés
175 g de sucre en poudre
2 cuillères à soupe de miel liquide
75 g de poudre de noisettes
GARNITURE :
170 g de petits-suisses
15 cl de crème fraîche
2 cuillères à soupe de sucre glace (environ)
250 g de framboises

Travaillez dans une jatte les jaunes d'œufs et le sucre jusqu'à ce qu'ils soient pâles et épais. Battez les blancs en neige très ferme, puis incorporez-leur le miel en fouettant. Mélangez avec les jaunes d'œufs ainsi que la poudre de noisettes. Étalez sur une plaque de 30 × 24 cm, garnie de papier sulfurisé beurré.

Faites cuire 20 à 25 minutes au four (160°). Couvrez d'un linge humide et laissez refroidir.

Battez ensemble les petits-suisses, la crème fraîche et 1 cuillère à soupe de sucre glace, mettez 2 cuillères à soupe en dôme de ce mélange dans une poche munie d'une petite douille en étoile.

Retournez le gâteau sur une feuille de papier sulfurisé garni de sucre glace, étalez dessus le reste du mélange précédent et les framboises, en en mettant 8 de côté pour la décoration. Roulez délicatement le gâteau sur le petit côté, posez-le sur un plat de service et décorez-le avec la poche à douille et le reste de framboises.
Pour 6 personnes

Tarte des Highlands

50 g de farine à poudre levante
50 g de sucre en poudre
50 g de beurre ramolli
1 œuf
GARNITURE :
15 cl de crème fraîche
1 cuillère à soupe de miel liquide
2 cuillères à soupe de whisky
25 g de flocons d'avoine, grillés
350 g de framboises

Tamisez la farine dans une jatte, ajoutez le sucre, le beurre, l'œuf, et battez 1 à 2 minutes pour que le mélange soit homogène. Garnissez-en un moule à tarte beurré de 18 cm de diamètre et faites cuire 15 à 20 minutes au four (160°). Faites refroidir sur une grille.

Battez dans une jatte la crème fraîche, le miel et le whisky ; quand le mélange est ferme, incorporez les flocons d'avoine.

Répartissez les deux tiers des framboises sur la tarte, couvrez avec le mélange précédent et décorez avec le reste de framboises.
Pour 6 personnes

A GAUCHE : *gâteau aux groseilles à maquereau*
A DROITE : *roulé aux framboises ; tarte des Highlands*

INDEX

A

Agneau au romarin 86
   en sauce 94
Ananas glacé 127
Asperges gratinées 15
   Ile-de-France 35
Avocats au citron 16
   au crabe 41

B

Banana-split sauce chocolat 109
Bananes au four 117
Barres aux flocons d'avoine 144
Bavarois aux fraises 133
   aux mûres 133
Bavaroise glacée 133
Beignets de maïs 28
   de scampi 60
Biftecks pizzaiola 75
Biscuits croquants 141
Blancs de dinde au jambon 76
   au marsala 76
Blancs et verts 97
Bœuf aux prunes 84
Bombe à l'orange 138
   au chocolat 130
   au chocolat et au cognac 131
   rose 128
Bouchées croquantes 140
Bouillon à l'émilienne 11
Boulettes à la sicilienne 74
Brazilia 136
Brochettes à l'orange 85
   de coquilles Saint-Jacques 21
   de scampi 51
Bûche au gingembre 120

C

Cabillaud nouvelle cuisine 55
   sauce câpres 63
   sauce Mornay 62
Café-crème 134
Caissettes au chocolat 152
Canard au maracuja 87
Caponata 32
Carottes glacées au miel 99
Céleri braisé 99
Champignons à la grecque 8
   farcis 42
   gratinés 86
Charlotte à l'orange 128
   au chocolat et au rhum 119
   aux poires 135
   citron-gingembre 138
   péruvienne 138
   rubannée 132
Cheesecake à l'orange 118
Chili con carne 83
Chocolaté aux noisettes 137
Chou au roquefort 99
Chou-fleur à la polonaise 98
Cocotte de haricots 98
Cœurs d'artichauts au lard 15
   en salade 12
Colettes à l'orange 140
   au rhum 112
Compote de pommes croquante 116
   meringuée 109
Coquilles Saint-Jacques à la provençale 48
Côtes d'agneau épicées 81
Côtes de porc sauce moutarde 80
   sauce piquante 96
   vallée d'Auge 73
Coupe Forêt-Noire 117
Courgettes farcies 96
Couronne glacée 130
Crème abricot et banane 115
   à la rhubarbe 118
   au chocolat au Grand-Marnier 113
   au whisky 112
   aux carottes 13
   caramel aux fruits 116
   d'ananas 104
   de cresson 9
   écossaise 123
Crevettes à la créole 66
   au gingembre 56
   au xérès 50
Croquant au miel 136
Croquants 144
   aux abricots 105
Croustillant aux fraises 152
   aux pêches 148
Croûtes aux champignons 24
Crudités sauce aïoli 34
Curry de fruits de mer 62

D

Délices au café 118
Délicieux au saumon 60
Dessert à l'orange 124
   au cassis 144
   aux poires 117
   chocolat-abricots 114
   estival 115
Dinde à l'italienne 94

E

Émincé de poulet et d'avocat 41
Entrecôtes à la moutarde 72
Escalopes de veau à la crème 73
Estouffade de foie 94

F

Fausses lasagnes 102
Faveur à la guimauve 132
Fenouils à l'italienne 43
Festival 128
Feuilles au chocolat 103
Fèves à la grecque 18
   à la provençale 97
Filet de porc aux prunes 80
Filets aux amandes 93
   aux champignons 61
   de merlan frits 52
   de poisson au vin blanc 50

INDEX

de sole aux courgettes 61
Florentines 142
Foie aux pommes 83
Foies de volaille à la mexicaine 83
Fondants à la framboise 103
Fruits de mer à la provençale 19
   au vin blanc 66

G

Gâteau acidulé 150
   à la rhubarbe 147
   américain au citron vert 151
     aux framboises 153
     aux pêches 148
   au chocolat 103
     et au café 152
   au citron vert 119
   au gingembre 150
   aux fraises 154
   aux fruits rouges 153
   aux groseilles à maquereau 154
   aux mûres 122
   aux poires 123
   bicolore 149
   brésilien 151
   chiffon 113
   fourré 104
   de Savoie 105
   marbré au café 105
   Saint-Clément 149
Glace à la fraise 126
   à la framboise 126
   à la menthe et au chocolat 127
     sauce chocolat 131
   à la vanille 126
   au chocolat 126
   Tortoni 118
Glacier chocolat-orange 134
Gratin à la marinière 59
   au thon 63
   de poisson 57
   de thon aux micro-ondes 93

H

Haddock au jambon 61
   sauce Mornay 58
   sauce crevettes 92
Harengs à la suédoise 40
Haricots à la toscane 42
   aux amandes 99
   en salade 31
Haricots verts printaniers 42
Hochepot aux haricots rouges 78
Hors-d'œuvre à l'italienne 10
   variés 10

L

Lapin en marinade 95
Légumes en béchamel 28
Lotte à l'orientale 59

M

Maïs au four 29
Maquereaux au vin blanc 8
   au vin rouge 69
   sauce verte 102
Mayonnaise rapide 21
Melon à l'orange 125
   au jambon de Parme 12
Meringues aux noix 144
   glacées 121
Mont-Blanc aux meringues 120
Morue à la niçoise 91
Moules à la niçoise 10
   farcies 18
   marinières 49
Mousse au chocolat 111
   à l'orange 111
   aux micro-ondes 104
Mousse au porto 120
   aux fraises 115
   aux fruits 116
   aux mûres 133
   d'anguille fumée 22
   de crabe aux asperges 20
   de crevettes 20
   de truite fumée 20

O

Œufs à l'espagnole 29
   au thon 12
   farcis 25
   mayonnaise 14
   mimosa 15
Oignons au four 28
Omelette espagnole 34
   soufflée 108
   au haddock 66
Oranges fourrées 124

P

Paella minute 65
Palmiers au chocolat 140
Pâté au poulet et aux noix 25
   aux harengs fumés 18
Paupiettes de veau 74
Pavé au roquefort 79
   chocolat-nougatine 127
Pêches brésiliennes 121
Petits fours 144
Petits pois bonne femme 98
Pilaf de crevettes 52
   de foies de volaille 78
   de légumes au jambon 100
Pizza à la sardine 58
Pizzas à la française 25
Plie à la sauce citron 54
   à l'orange 64
   au concombre 69
Poireaux vinaigrette 35
Poires au gratin 125
Poisson au citron vert 68
   à l'orientale 55
   au vert 62
   aux poivrons 68
   gratiné 52
   grillé 51
Pommes au four 104
   au lard 100
Pommes de terre à l'oseille 45
   surprise 96
Pommes dorées 124
   fourrées à la mangue 125
Porc à la napolitaine 75
Potage au cresson 90
   aux œufs 11
   vert 13
Poulet à l'ananas 79

à la royale 95
à l'orientále 87
au citron 77
au paprika 95
au romarin 77
aux amandes 82
aux épices 82
aux noix 79
chasseur 96
grillé 76
Pudding aux dattes et au citron 109
Purée gratinée 29

Q

Quiche aux sardines 92

R

Raie en papillotes 56
Ramequins aux épinards 25
aux groseilles 108
Risotto aux crevettes 65
Rognons à la diable 100
sautés 74
Rougets aux endives 54
en feuille de vigne 56
Roulé à la banane 146
à la confiture 146
aux framboises 155
aux noisettes 146
jamaïcain 138

S

Sabayon au chocolat 112
Salade au cresson 33
baltique 32
brésilienne 35
César 38
de carottes aux raisins 30
de céleri aux champignons 37
de champignons 12
de chou 34
de chou-fleur 30
aux anchois 45
de dattes aux noix 31
de fèves 64
de fenouil 44
de fruits de mer 43
de mâche Val-fleuri 36
de melon 16
d'épinards aux foies de volaille 39
de pommes de terre au roquefort 90
de poulet à l'indienne 39
aux noix 82
Salade de riz 45
de roussette 22
de scampi 22
de saumon 64
nordique 40
de truite aux kiwis 22
de thon 43
de tomates à l'oignon 38
au basilic 38
d'hiver 33
d'oranges 122
du chef 37
fraîche d'endives 16
mixte 44
niçoise 9
rose 16
rouge et jaune 30
toscane 14
verte ciselée 36
Waldorf 41
Sauce à la crème et au citron 48
à l'avocat 37
au chocolat amer 132
au roquefort 91
tomate 75
Saumon rapide 57
Sole à l'italienne 53
grillée aux crevettes 60
Véronique 49
Soupe à l'oignon 91
au pistou 8
de courgettes 11
de maïs 13
de Nouvelle-Angleterre 19
glacée au concombre 19
Spaghettis bolognaise 100
Steak à l'orientale 84
Steaks au vin 78
au poivre vert 72
Suprême chocolat-cognac 135

T

Tagliatelles aux harengs fumés 55
Tahitien 136
Tarte à la compote 143
à l'orange 143
aux mûres 145
des Highlands 155
Tartelettes au miel 142
aux crevettes 21
aux fruits frais 142
viennoises 142
Tartes à la rhubarbe 147
au cassis 145
Timbale pralinée 137
Tomates au four 24
au raifort 30
aux anchois 32
aux herbes 14
Tomates-cerises sauce avocat 36
Tournedos Rossini 72
Triangles croquants 141
Truffettes au chocolat 141
Truites en papillote 58
farcies 93
au four 63
au jambon 50
aux amandes 48
aux champignons 53
Tuiles au chocolat 141
Tulipes au chocolat 111

V

Veau à la sauce rouge 85
à la tyrolienne 81
Stroganoff 81
Vinaigrette 15
verte 37

Y

Yaourt aux fruits secs 119

REMERCIEMENTS

Les éditeurs remercient tous ceux qui ont participé à la préparation de cet ouvrage :

Photographes : Bryce Attwell, Rex Bamber, Edmund Goldspink, Melvin Grey ; James Jackson, David Johnson, Roger Philips, Charlie Stebbings, Clive Streeter, Victor Watts, Paul Williams.

Stylistes : Gina Carminati, Liz Hippisley, Penny Markham, Penny Mishcon, Helen Payne, Marian Price, Vicky Woods

Préparation des plats pour les prises de vue : Jackie Burrow, Carline Ellwood, Hilary Foster, Clare Gordon-Smith, Carole Handslip, Janice Murfitt, Lyn Rutherford, Jane Suthering.